Lilli Pätow

# Wir
## vom Jahrgang
# 1984
Kindheit und Jugend

# Impressum

## Bildnachweis:

Privatarchiv Lilli Pätow: Umschlag, S. 4, 5, 6 u., 8–22, 24, 25, 29–31 o., 33, 34, 35 r., 36 –46, 48, 49, 52–59, 62, 63; Schladitz milwa GmbH: S. 6 o.; ullstein bild – Malzkorn: S. 7 o.; ullstein bild – Reuters: S. 7 u., 26; ullstein bild – Rüdiger Lehmann: S. 23; ullstein bild – imageBROKER/ Norbert Michalke: S. 27; ullstein bild – ddp: S. 50, 60; Konzernarchiv der KfW Bankengruppe Berlin: S. 31 u.; Mareike Schmidt: S. 35 l.; Katharina Mehnert: S. 47, 61.


Wir danken allen Lizenzträgern für die freundliche Abdruckgenehmigung.
In Fällen, in denen es nicht gelang, Rechtsinhaber an Abbildungen zu ermitteln, bleiben Honoraransprüche gewahrt.

3., überarbeitete Neuauflage 2023
Alle Rechte vorbehalten, auch die des auszugsweisen Nachdrucks und der fotomechanischen Wiedergabe.
Gestaltung und Satz: r2 | Ravenstein, Verden
Druck: Druck- und Verlagshaus Thiele & Schwarz GmbH, Kassel
Buchbinderische Verarbeitung: Buchbinderei S. R. Büge, Celle
© Wartberg-Verlag GmbH
34281 Gudensberg-Gleichen • Im Wiesental 1
Telefon: 056 03/9 30 50 • www.wartberg-verlag.de
ISBN: 978-3-8313-3184-0

# Liebe 84er!

Haben wir in unseren ersten Lebensjahren nicht schon vieles miterlebt?! Geboren in der Deutschen Demokratischen Republik und erwachsen geworden im wiedervereinten Deutschland, durften wir an wunderbaren Ereignissen wie dem Mauerfall und der Jahrtausendwende teilhaben.

Wir 84er wuchsen in der kleinen DDR wohlbehütet auf und spürten noch nichts vom Unterschied zwischen West und Ost. Wie viele Jahrgänge vor uns auch wurden wir mit dem Zekiwa-Kinderwagen und später auf einer Simson oder in einem Trabant durch die Gegend kutschiert. In modernen Wohnplattenbauten fühlten wir uns heimisch und begannen, unsere Umwelt genauer unter die Lupe zu nehmen.

Persönliche Höhepunkte brachte die Wende für jeden Einzelnen von uns mit sich. Ein ausgeschmückter Schulanfang mit aufregenden Leckereien, elektrischen Spielzeugautos und Barbie-Puppen in den Schultüten ließen schnell unsere alten Holzspielzeuge und den Bummi-Bär Nebensache werden.

Als Teenager tauschten wir auf Klassenfahrten oder im Sommerferienlager die ersten Küsse mit dem anderen Geschlecht aus. Unsere Hüften bewegten wir zu amerikanischer Popmusik und deutschem Hip-Hop. Später begeisterte uns die Technokultur, und alkoholische Mixgetränke verursachten uns den ersten Rausch zur Jugendweihe oder Konfirmation. Und schon bald standen wir mit 18 Jahren auf eigenen Füßen.

1984, ein bewegter Jahrgang, der trotz der Wiedervereinigung noch ein wenig geprägt ist von den letzten Jahren der DDR.

*Lilli Pät*

Lilli Pätow

# Mit Milasan und Zekiwa ins Leben

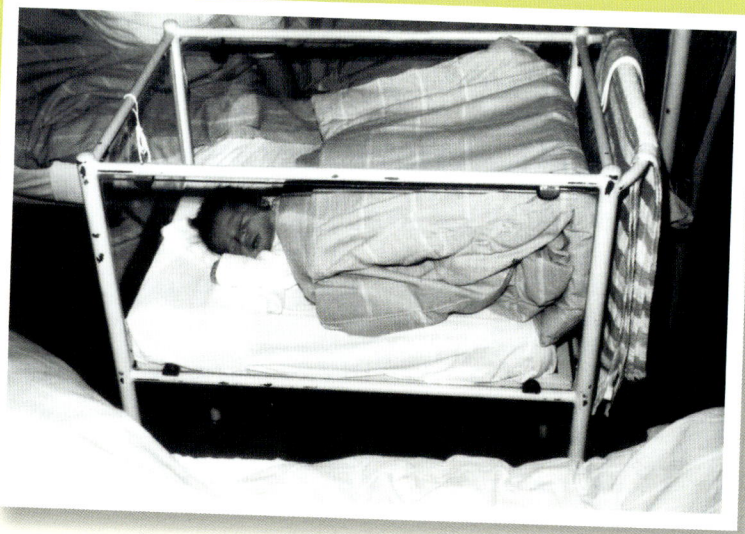

Im Kinderbett des Krankenhauses kurz nach der Geburt.

## Ein geburtenstarker Jahrgang

In den örtlichen Entbindungsstationen trat zu Beginn der 80er-Jahre kaum Ruhe ein. Auch wir, geboren im Jahre 1984, kamen in einem der Krankenhäuser im Osten von Deutschland zu Welt. Nur in den dringendsten Fällen gab es Hausgeburten.

# Chronik

**11. März 1984**
Michail Gorbatschow wird zum General-
sekretär der KPdSU ernannt.

**8. Juni 1984**
In Berlin beginnt das dreitägige Nationale
Jugendfestival der DDR.

**4. Oktober 1984**
150 Ausreisewillige DDR-Bürger halten
sich in der Botschaft der BRD in Prag auf.
Auch in Bukarest, Warschau und Budapest
versuchen DDR-Bürger in den Botschaften
der BRD ihre Ausreise aus der DDR zu
erreichen. Im Dezember treten in der
Prager Botschaft 40 DDR-Flüchtlinge in
den Hungerstreik.

**20. Dezember 1984**
Der Westberliner Senat übernimmt die
Kosten von zwei Millionen DM für die
Instandsetzung der zur DDR gehörenden
Hälfte der Glienicker Brücke.

**4. Januar 1985**
In London wird das „Baby Cotton" geboren,
das künstlich gezeugt und von einer
Leihmutter gegen Zahlung von 6500 britische Pfund ausgetragen wurde.

**29. Mai 1985**
Bei dem Europacup-Endspiel zwischen
FC Liverpool und Juventus Turin in Brüssel
kommt es zu schweren Ausschreitungen,
bei denen 39 Menschen ums Leben
kommen und rund 400 Zuschauer zum Teil
schwer verletzt werden.

**7. Juli 1985**
Boris Becker gewinnt als bislang jüngster
Tennisspieler und als erster Deutscher das
Tennisturnier in Wimbledon, England.

**16. August 1985**
Die Regierung der UdSSR schlägt ein
internationales Abkommen über die
Nichtmilitarisierung des Weltraums vor
und regt eine Zusammenarbeit bei der
Erforschung des Weltraums auf der Basis
der UN-Charta an.

**26. April 1986**
In Tschernobyl ereignet sich die schlimmste
Reaktorkatastrophe in der Geschichte.

**18. September 1986**
Die DDR verschärft die Einreisebestim-
mungen und verringert damit die Zahl der
Asylbewerber, die über Ostberlin in die BRD
einreisen.

Endlich zu Hause, aber noch völlig geschafft,
schläft das Baby im Steckkissen.

War die Mama im Kreißsaal damit
beschäftigt, uns das Licht der Welt
erblicken zu lassen, war Papa meist zu
Hause oder ging seiner täglichen Arbeit
nach.

Wird es ein Mädchen oder ein Junge?
Die Eltern waren ganz gespannt. Eine
vorherige Feststellung des Geschlech-
tes war eher untypisch. Zwei Namen
hatte man mindestens parat. Bei einem
Verdacht auf eine Mehrlingsgeburt
wurde jedoch in der Schwangerschaft
eine Ultraschallaufnahme gemacht, um
die Vermutung zu bestätigen und um
die Anzahl der Sprösslinge festzu-
stellen. Hatte die Mutter eine normale
Geburt hinter sich, wurde ihr das Kind
direkt auf den Bauch gelegt. Später
durfte der Vater uns in die Arme schließen. Meist waren wir dann schon

Mit Milwa wird die Wäsche rein.

gebadet und warm eingepackt. Zum Schlafen hatte nicht jedes Krankenhaus die Möglichkeit, das Neugeborene in einem eigenen Kinderbett direkt neben dem Bett der Mutter zu lassen. Hatte die Mama alles gut überstanden und war wieder fit auf den Beinen, verließ sie nach knapp einer Woche das Krankenhaus. In einem Steckkissen, eine Art Tragetasche, welche meist über Generationen weitergereicht wurde, trugen unsere Eltern uns nach Hause.

Das erste Bad in einer kleinen Plastikwanne, das erste Saugen am Waschlappen – welch Faszination und Freude für alle Betroffenen.

Nach dem Bad wurden wir auf einem Wickeltisch mit Storchencreme eingecremt und der Po frisch verpackt. Oft hielt dafür die Oberfläche einer Waschmaschine im Badezimmer her. Ausgelegt mit einer Wickelunterlage als Schutz und zusätzlich immer einer weichen Decke für unseren kleinen zarten Körper. Zwar fühlten wir uns wohler ohne irgendwelche Sachen, doch mussten ein Molton und eine Baumwollwindel stets unseren Po bedecken. Die Windeln bekamen eine ganze spezielle Reinigung. Mit heißen Temperaturen und einem speziellen Waschmittel wurde alles wieder rein und weiß. Für diese vorzügliche Wäsche sorgte Milwa. Die Bezeichnung stand für mildes Waschmittel.

Das erste Bad.

*Stefanie Kloß.*

### Prominente, geboren im Jahr 1984

| | |
|---|---|
| 7. Jan. | **Max Riemelt**, *deutscher Schauspieler* |
| 25. Jan. | **Robson de Souza**, *genannt Robinho, brasilianischer Fußballspieler* |
| 2. März | **Elizabeth Scarlett Jagger**, *britisches Model* |
| 26. März | **Felix Neureuther**, *deutscher Skisportler* |
| 22. Mai | **Karoline Herfurth**, *deutsche Schauspielerin* |
| 29. Mai | **Sophie Moser**, *deutsche Geigerin und Schauspielerin* |
| 26. Juli | **Kristina Dörfer**, *deutsche Popsängerin und Fernsehdarstellerin* |
| 1. Aug. | **Maria Riesch**, *deutsche Skisportlerin* |

*Bastian Schweinsteiger.*

| | |
|---|---|
| 1. Aug. | **Bastian Schweinsteiger**, *deutscher Fußballspieler* |
| 5. Aug. | **Helene Fischer**, *deutsche Schlagersängerin* |
| 15. Sept. | **Prinz Harry** *von Großbritannien* |
| 16. Sept. | **Katie Melua**, *britisch-georgische Sängerin* |
| 27. Sept. | **Avril Lavigne**, *kanadische Rocksängerin* |
| 25. Okt. | **Katy Perry**, *US-amerikanische Sängerin* |
| 27. Okt. | **Kelly Osbourne**, *britische Musikerin* |
| 31. Okt. | **Stefanie Kloß**, *Sängerin der deutschen Pop-/Rockgruppe Silbermond* |
| 21. Nov. | **Andreas Gabalier**, *österreichischer Volksmusiker* |
| 22. Nov. | **Scarlett Johansson**, *US-amerikanische Schauspielerin* |
| 22. Dez. | **Basshunter**, *schwedischer Musiker und DJ* |

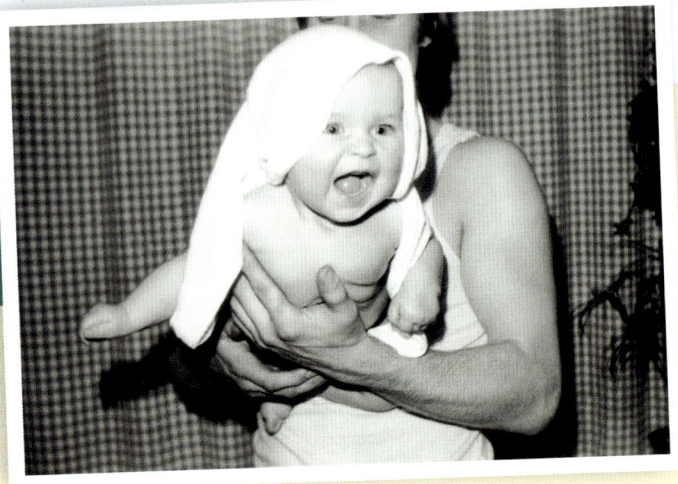

## Durch die Hände einer Hebamme

Stets mollig und warm angezogen hielten wir uns meist in den ersten Wochen im Stubenwagen auf. Diesen rollten die Eltern ganz bequem zu Hause herum, auch wenn wir schliefen. So hatten sie die volle Kontrolle über uns Babys. Egal, in welchem Zimmer der Wohnung die Eltern sich aufhielten, wir waren dabei.

Eine örtliche Hebamme stand jeder Mutter nach der Geburt zur Verfügung. Sie interessierte sich für die sozialen Verhältnisse und schaute nach, ob alles geordnet in der Familie ablief. Wenn sie eintrat, fiel ihr erster Blick auf das Bett und die Matratze der Babys, sie prüfte die Sauberkeit im Haus und in der Wohnung. Doch in erster Linie untersuchte sie die frischgebackenen Mütter: Waren Narben vom Kaiserschnitt gut verheilt und hatten sie irgendwelche Beschwerden? Sie stellte Fragen zur Babypflege und gab Rat zur Ernährung und zum Stillen der Kinder.

## Ein Sparschwein von Vater Staat

Die Regierung unterstützte werdende Eltern zu dieser Zeit sehr großzügig. Mehr als ein Monatsgehalt gab es bei der Geburt eines Kindes. Der Mindestlohn lag bei ungefähr 400 Mark pro Arbeitnehmer. Zusätzlich kamen noch kleinere Beträge zusammen, die ausgezahlt wurden, wenn eine regelmäßige Schwangerschaftsberatung wahrgenommen wurde. Insgesamt konnte man sich somit über 1000 Mark freuen.

„Mutter, stille dein Kind!", war des Staates Devise. Die Mütter wurden belohnt für das Stillen. Muttermilch enthält alle erforderlichen Nährstoffe und in der richtigen Zusammensetzung ist sie gleichzeitig eine Abwehr gegen Krankheiten. Dadurch wollte der Staat die Stillfreudigkeit der Mütter steigern. Sie erhielten ein Stillgeld in Form von Bons für das tägliche Stillen und für die Teilnahme an einer Mütterberatung, die sie sich später auszahlen lassen konnten.

Ein Ehekredit war ebenso ein Ansporn, mehr Kinder zur Welt zu bringen. Zusätzlich zu diesem zinslosen Kredit wurden den werdenden Eltern 750 Mark erlassen, wenn sie die DDR mit Nachwuchs bereicherten. Doch auch wenn die Zahl der unehelichen Kinder sehr hoch war, wurden die alleinstehenden Mütter nicht außer Acht gelassen. Ihnen standen ebenso soziale Leistungen in Form von Geldzahlungen zur Verfügung, um nicht um ihre und ihres Kindes Existenz bangen zu müssen. Ein monatliches Kindergeld war nicht die einzige Geldleistung. Mit dem ersten Kind hatte die Mama Anspruch auf volle Lohnfortzahlungen für ein halbes Jahr, wenn sie zu Hause blieb. Bekam man in der Kinderkrippe nach den sechs Monaten keinen Platz, halfen hier auch wieder die sozialen Ämter. Ab dem zweiten Kind konnte die Mutter ein ganzes Jahr lang bezahlte Freistellung in Anspruch nehmen. Nicht selten aber wurde aus der Erziehungszeit eine längere Periode und der Vater kümmerte sich um die finanzielle Seite.

Im Gegensatz zu den Frauen in der BRD gingen die Frauen in der DDR jedoch nach kürzerer Erziehungszeit wieder ihrer Arbeit nach. Im Regelfall waren wir ab dem 13. Lebensmonat mit vielen anderen Gleichgesinnten in der Kinderkrippe zusammen.

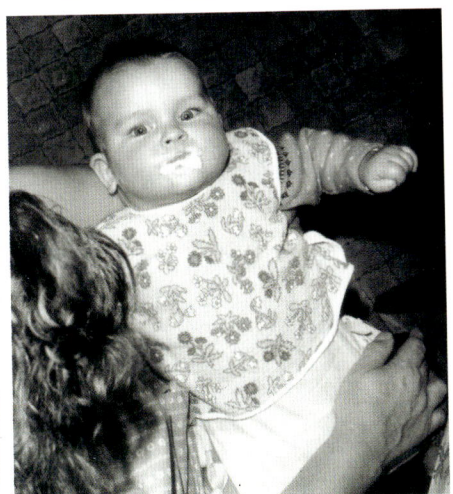

## Milasan und andere Leckereien

Frisch gewickelt und nach Florena-Creme riechend ging man über zu allerlei Leckereien. Geborgen in den Armen der Eltern, bekam man eine Anfangsmilch zum

Schmeckt gut und macht satt, der Grießbrei von Mama.

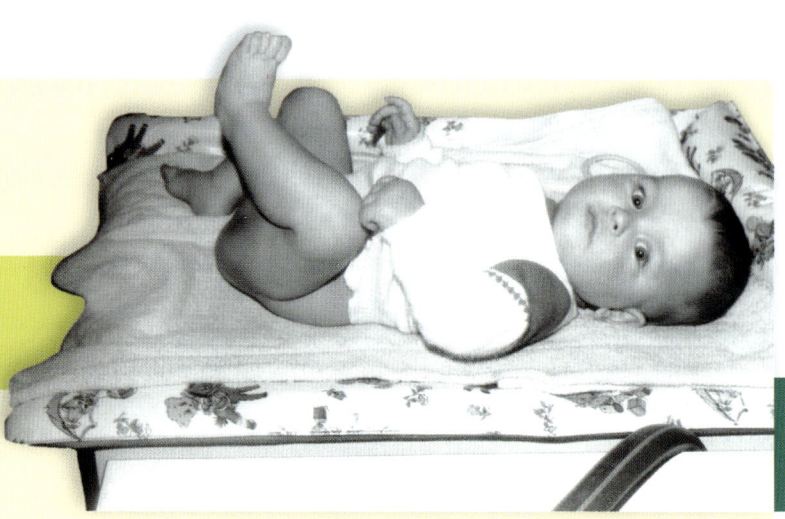

Das Windelwechseln findet auf der Waschmaschine statt.

Anrühren, wenn die Muttermilch nicht mehr ausreichte. Milasan war seinerzeit ein Hersteller ausschließlich für Säuglingsnahrung. Hatte sich unser Appetit vergrößert, gab es Grießbrei, von Mutti selbst gekocht.

Ein Besuch bei den Großeltern verschärfte unsere Geschmacksknospen und ließ uns so einiges aufregendes und gut schmeckendes Neues kennenlernen. Den Gaumen verwöhnten sie uns mit zuckersüßen Keksen, die vorher in Kräutertee getränkt wurden. Zur Vesper gab es schon mal den einen oder anderen Teelöffel mit geschlagener Sahne. Gar eingeweichte Leberwurst-Schnittchen mundeten uns Rabauken. Kein Wunder, dass der Milchbrei bald nicht mehr so beliebt bei uns war und wir gern andere Dinge probieren wollten.

### Medaillenjagd bei Olympia

Die 14. Olympischen Winterspiele werden vom 8. bis 19. Februar 1984 in Sarajevo, Jugoslawien (heute Bosnien-Herzegowina) ausgetragen. Erstmals sind Männer und Frauen gemischt in zwei Olympischen Dörfern untergebracht.

Als erfolgreichste Mannschaft von insgesamt 49 teilnehmenden Nationen bei den Winterspielen gehen die DDR-Sportler mit neun Gold-, neun Silber- und sechs Bronzemedaillen nach Hause. Einer der Medaillengewinner ist Jens Weißflog.

Er gewinnt Gold und Silber im Skispringen. Katarina Witt erreicht Gold im Eiskunstlauf. Auch in den anderen Disziplinen sind die Athleten der DDR sehr erfolgreich. So gelingt den Rodlerinnen ein Dreifachsieg und auch die beiden Bobs fahren einen Doppelsieg ein. Bei den Eisschnelllaufwettbewerben der Damen gewinnen die DDR-Sportlerinnen neun von zwölf Medaillen. Herausragende Sportlerin ist Karin Enke mit zwei Eisschnelllauf-Goldmedaillen.

## Wohnen auf engem Raum

Vom Stubenwagen in den ersten Wochen wurde man bald in ein eigenes
Bettchen gelegt. Eine geräumige Wohnung war schwer zu bekommen.
Familien hofften auf bessere Wohnverhältnisse in einer der modernen Platten-
bauwohnungen, doch nicht immer wurde es auch Realität. Als junge Familie
musste man sich mit wenig Platz zufriedengeben. Für 25 Mark gab es zwei
kleine Zimmer. Eine Ecke des Wohnraumes gebührte meist dem Kinderbett.
In unmittelbarer Nähe war ein Ofen. Meist gab es in der gesamten Wohnung
nur einen. Die Toiletten waren häufig außerhalb der Wohnung zu finden oder
in eine Art Kammer eingebaut, die nur durch eine dünne Wand von der Stube
abgegrenzt war.

Vor den kalten Wintermonaten grauste es der Familie schon, denn eine
Heizung hatte das Schlafzimmer noch nie gesehen und auch die Fenster
waren nicht isoliert. Eisblumen zierten die Fensterscheiben. Wunderschön
waren sie anzuschauen, doch ließen sie uns umso mehr frösteln. Wir Kinder
waren eingepackt im selbst genähten Schlafsack und obendrauf kam ein
Federbett. Eine wollene Mütze und Fausthandschuhe bedeckten dann auch
noch die Körperteile, die der kalten Raumluft ausgesetzt waren.

Die Winter 1985 und 1986 waren sehr lang. Sie reichten von November über
Weihnachten bis in den April hinein. War es jedoch gar nicht mehr auszuhalten,
wurden wir für ein paar Wochen bei Verwandten im Plattenbau einquartiert.
Die sogenannten Neubaublocks wurden immer häufiger gebaut und auch gern
von Familien bezogen. Dadurch, dass eine Wohnung oft an einen Arbeitsplatz

Heiß begehrt: eine Wohnung
in der Platte.

1. bis 3. Lebensjahr

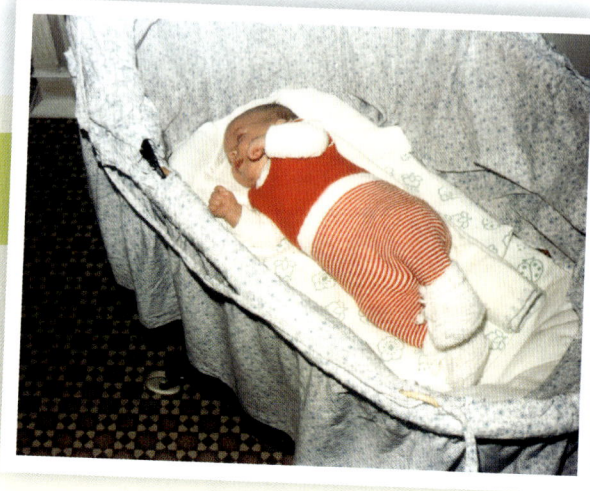

gekoppelt war, boten einige Arbeitgeber auch eine Mietwohnung in unmittelbarer Nähe zur Arbeitsstätte an. Werksneubauten von großen Betrieben oder Märkten hatten meist einen oder mehrere Wohnblöcke für die Angestellten. Der Mietpreis für circa 65 m² belief sich auf etwa 90 Mark. Zudem hatte man sogar fließend Wasser zur Verfügung, sowie auch eine Heizung. Das waren regelbare Heizkörper in fast alles Räumen der Wohnung. Die Wasserkosten wurden damals nicht berechnet.

### Der Super-GAU von Tschernobyl

*Am 26. April 1986 explodiert ein Reaktor des Atomkraftwerks nahe der Stadt Tschernobyl während eines Tests und verstrahlt die gesamte Region. Ursache für diesen Super-GAU sind grundlegende Mängel in der Konstruktion des Reaktors sowie Planungs- und Bedienungsfehler. Die Katastrophe wird zunächst von den sowjetischen Behörden verschwiegen und erst mit zwei Tagen Verzögerung zugegeben, nachdem in Schweden und Polen eine stark erhöhte radioaktive Strahlung gemessen wird. Mit Verspätung werden auch die rund 100 000 Menschen in der Region um das Atomkraftwerk evakuiert. Eine folgenschwere Katastrophe wird durch den größten Reaktorunfall in der Geschichte ausgelöst: Mehr als eine halbe Million Menschen sind unmittelbar davon betroffen. Sie leiden unter direkten oder Spätfolgen der Verstrahlung. Auch die ökologischen und wirtschaftlichen Schäden in der Region sind immens. Ganz Europa ist betroffen: Eine radioaktive Wolke zieht über Nord- und Mitteleuropa hinweg. Doch die DDR, wie auch die Sowjetunion, verschweigt die Katastrophe zunächst und meldet erst drei Tage nach dem GAU eine „Havarie im Kernkraftwerk Tschernobyl". Von Gesundheitsgefährdungen ist jedoch nicht die Rede. Erst aus dem Westfernsehen erfahren unsere Eltern davon. So empfiehlt die Bundesregierung ihren Bürgern, nicht bei Regen rauszugehen, keine frische Milch zu trinken und auf frisches Gemüse, u. a. Blattgemüse, Pilze, Spargel, zu verzichten, dafür lieber auf Gemüse aus Konserven zurückzugreifen. So kommt es, dass sich im Frühjahr und Sommer 1986 in den Kaufhallen der DDR Gemüse und Obst stapeln.*

# Immer modisch unterwegs

Von Geschwistern, Cousinen oder Cousins erbten wir stets die zu klein gewordenen Strampelanzüge oder die angesagten roten Cordhosen mit Latz. Mama aber kaufte oder strickte uns schicke Wollsachen. Besonders an die Strumpfhosen erinnern wir uns gut, die beim Tragen krabbelten und kratzten. Das wurde mit jeder Wäsche schlimmer.

Die ersten Gehversuche enden meist auf dem Popo.

Viel wohler fühlten wir uns jedoch nur in einer Unterhose, darin verpackt die Windel. Um den Oberkörper reichte ein bequemer Baumwollpulli. So robbten wir in der Wohnung, egal wer zu Besuch war, in bester Laune herum.

Im Kinderwagen mollig warm angekleidet und bis zum Hals zugedeckt, lernten wir unsere Umgebung nach und nach kennen. Die Perspektive aus dem Zekiwa-Wagen ließ uns im Liegen eher hören als sehen, was um uns geschah. Der Kinderwagen der VEB Zeitzer Kinderwagenindustrie (kurz Zekiwa genannt) war der Marktführer in der DDR. Waren wir schon größer und ein jüngeres Geschwisterchen kam zu den Spazierfahrten mit, hielt ein groß-rädriger Rollwagen her. Vergnügt wurde das Kleinere im Korb geschaukelt und dem Größeren wurde die Ablagefläche direkt darunter weich mit Teppich ausgelegt. So hatte Mama gleich beide zusammen.

In der Kinderkrippe hingegen passten in einen Krippenwagen gleich bis zu zehn Kinder. Die Kindereinrichtungen waren in der Nähe von Wohnsiedlungen. Man eröffnete sie meist nicht weit entfernt von einem Werk. So lagen sie praktisch auf dem Arbeitsweg der Eltern.

Topmodisch: der blaue Sportwagen mit Cordbezug von Zekiwa.

Gut angeschnallt fahren wir im chromblitzenden Zekiwa spazieren.

## Spielkameraden und Stofffreunde

In aller Frühe und voller Freude „Liebe, liebe Sonne …" trällernd, saßen wir auf der Kinderhalterung des Fahrrades der Mama. Jeden Morgen brachte sie ihren Liebling vor der Arbeit in die nahe gelegene Kinderkrippe. Schon ab dem ersten Lebensjahr knüpften wir Kontakte mit anderen Kindern in der Krippe, wenn Mama und Papa ihrer Arbeit nachgehen mussten. Wir wurden in verschiedene Gruppen eingeteilt, dem Alter entsprechend. Auch wenn jeder Tag ganz geregelt ablief, fühlten wir uns pudelwohl bei den Tanten in der Kinderkrippe.

In einer Brotbüchse, die Mama uns täglich zu Hause füllte und mitgab, befand sich das Frühstück. Mit allen Kindern zusammen an großen Tischen verspeisten wir die Marmeladen- und Wurstbrote, dazu geviertelte Birnen oder Apfelspalten. Hatten wir brav unseren Proviant vertilgt, durften wir mit Spaß und Spiel weitermachen.

Melodien und Reime brachten täglich Heiterkeit in die Runde. Die Tanten lasen uns Geschichten und Gedichte vor. Wir blätterten auch in Büchern, allerdings meist nur in denen aus Plastik, die nicht kaputt zu kriegen waren. Sie waren sehr bunt und mit verschiedensten Tieren gestaltet. Unsere Augen hatten ja noch viel zu entdecken. Zu jedem Anlass, ob an Geburtstagen oder zur Weihnachtszeit, erklangen vielerlei Melodien aus den Kindermündern. Oft begleitet durch eine Gitarre von der Tante in der Krippe. Am häufigsten aber sangen wir das Lied vom kleinen Bummi-Bären, das kannten sogar unsere Eltern schon. Im „Spielzeugland" unserer Kinderkrippe gab es den Bummi als gelbes, kuschelweiches Stofftier zum Knuddeln und Spielen. In der Kuschelecke gab es aber auch jede Menge anderer Spielfiguren und Stofftiere. Zum

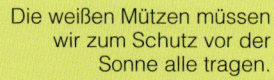
Die weißen Mützen müssen wir zum Schutz vor der Sonne alle tragen.

14

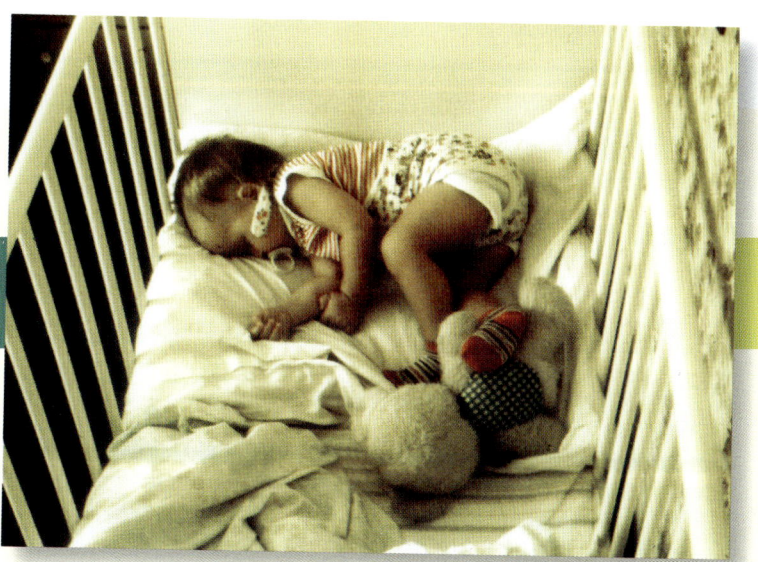

Zwar nicht der Bummi, aber unser Lieblingsteddy muss immer mit uns ins Bett.

Mittagessen, pünktlich um zwölf Uhr, gingen wir in den Speiseraum. Hatten wir artig aufgegessen, wurden die Holzbetten im Schlafraum aufgestellt. Im warmen Sommer schliefen wir ab und zu auch auf der Terrasse. Fiel den Kindern das Einschlafen nach dem Mittagsessen schwer, setzte sich die Tante direkt neben das Bett und sang leise ein beruhigendes Schlaflied vor oder streichelte das Kleine, bis es beruhigt doch zu träumen anfing.

### Ein doppeltes Spiel

*Der Berliner Fußballclub Dynamo, kurz BFC Dynamo, wird 1966 gegründet. In der Zeit der DDR ist der BFC mit acht Meistertiteln in Folge von 1979 bis 1986 der erfolgreichste Fußballverein der DDR-Oberliga. Im Jahr 1986 erreicht der mehrfache Meister mit nur 46 erzielten Toren das schlechteste Ergebnis seiner Meisterphase. Das Spiel gegen den 1. FC Lok Leipzig am 22. März 1986 gerät zu einem Politikum, als Schiedsrichter Bernd Stumpf dem BFC in der 95. Minute einen strittigen Elfmeter zuspricht, der zum 1:1-Endstand führt. Die Leipziger müssen sich mit der Vizemeisterschaft 1986 trösten, es ist ihr bestes Ergebnis seit 19 Jahren.*

*Es kommt erstmals öffentlich der Verdacht auf, dass Schiedsrichter zugunsten des BFC Dynamo entscheiden. Schiedsrichter Stumpf wird darauf lebenslang gesperrt, jedoch lässt sich sein Fehlverhalten nicht objektiv eindeutig belegen. Vermutet wird, dass die kalte Hand von Erich Fritz Emil Mielke mit im Spiel war. Als Minister für Staatssicherheit der DDR ist er einer der Hauptverantwortlichen für den Ausbau des flächendeckenden Überwachungssystems. Zudem ist Mielke seit 1953 Vorsitzender der Sportvereinigung Dynamo. Man munkelt über ein doppeltes Spiel, denn für die SED-Führung hat der Fußball eine hohe politische Bedeutung.*

# Bananenjagd
# und Mauerfall

## Auf ins alltägliche Abenteuer

Mit drei Jahren besuchten wir den Kindergarten. Der war uns meist nicht unbekannt, denn oft knüpfte er direkt an die Kinderkrippe an und befand sich im gleichen Haus oder im Nachbarhaus derselben. Nach Altersgruppen waren wir auf mehrere Etagen aufgeteilt. Von früh bis zum späten Nachmittag waren wir beschäftigt und betreut, denn der Arbeitstag der Eltern war lang. Mehr als acht Stunden waren sie jeden Tag im Betrieb. Arbeiteten sie im Schichtsystem, dann waren für die Abholung die Großeltern, größeren Geschwister oder auch mal eine Nachbarin verantwortlich. Nicht selten lebte man sowieso mit mindestens zwei Generationen unter einem Dach. Denn wer ein Haus besaß, versuchte meist die komplette Familie mit deren Nachwuchs unterzubringen. Für uns Kinder war es eine wunderbare Kindheit. Wir hatten somit viele

# Chronik

**18. Januar 1987**
Die Sendeanstalten ARD und ZDF schließen mit dem Fernsehen der DDR Produktions- und Kooperationsvereinbarungen ab.

**17. Juni 1987**
Die Todesstrafe in der DDR wird offiziell abgeschafft. Die letzte Hinrichtung fand 1981 statt.

**13. November 1987**
Das Bundesverfassungsgericht entscheidet, dass ein in der DDR eingebürgerter Ausländer automatisch die deutsche Staatsangehörigkeit im Sinne des Grundgesetzes besitzt.

**15. Dezember 1987**
Der Ostbahnhof in Berlin-Friedrichshain wird in Hauptbahnhof umbenannt.

**1. März 1988**
Für Westberliner entfällt bei Tagesreisen in die DDR die Null-Uhr-Grenze. Sie dürfen in der DDR übernachten.

**19. Juni 1988**
Ein Konzert von Michael Jacksons Welttournee findet vor dem Reichstagsgebäude in Westberlin statt. Zwischen den Zuhörern auf der Ostseite der Mauer und der Volkspolizei kommt es zu Auseinandersetzungen.

**14. Dezember 1988**
Die neue Verordnung über Reise- und Ausreiseangelegenheiten beinhaltet kein Recht auf Reisen.

**19. Januar 1989**
Erich Honecker versichert, die Mauer werde in 50 und auch in 100 Jahren noch bestehen bleiben.

**12. September 1989**
Die DDR-Regierung bezeichnet die ungarische Grenzöffnung als organisierten Menschenhandel.

**9. November 1989**
Fall der Berliner Mauer, die Grenzen zur BRD werden geöffnet.

**4. Dezember 1989**
Erst in Erfurt, dann auch in Leipzig und anderen Städten dringen Bürger in die Gebäude des Staatssicherheitsdienstes ein, um die Vernichtung von Akten zu verhindern.

So oft wie möglich spielen wir unter der Aufsicht der Kindergärtnerinnen draußen.

Spielgefährten. Mit Geschwistern, Verwandten und den Nachbarskindern in unserem Alter tollten wir in und um unsere Häuser herum. Im Kindergarten buddelten wir in den warmen und lauen Sommermonaten viel im Sandkasten. Meist auch im Sand verankert waren die Klettergerüste aus Metall. Wir hangelten uns wie Affen entlang oder schlugen Rollen an einer der waagerechten Stangen.

In der kühleren Jahreszeit sammelten wir heruntergefallene Kastanien ein, um die verrücktesten Tiere daraus zu basteln. So häufig wie nur möglich waren wir an der frischen Luft. Bei schlechtem Wetter wartete in der Einrichtung eine Unmenge von Spielzeugen aller Art. Unsere neugierigen Kinderhände entdeckten Holzfiguren,

4. bis 6. Lebensjahr

Puzzlebaukästen mit Märchen darauf, Puppen und Puppenwagen sowie Matchboxautos und Autorennbahnen. Zu Hause dagegen war auch der Klammerkorb der Mama ein aufregendes Spielzeug. Das Einräumen, Ausräumen, Sortieren und Stecken machte vielen Kindern Spaß.

## Hamstern wie ein König

Jedes Jahr zur Faschingszeit duften die Eltern sich etwas Neues einfallen lassen, wie sie ihrem Liebling sein gewünschtes Kostüm herzauberten. Meist legte die Oma mit Hand an und nähte die Kostüme mit der Maschine. Alte Stoffe und Bettlaken mussten dafür herhalten. Die Mädchen waren schon immer gern Prinzessinnen oder Bräute, die Jungen hingegen eher Indianer oder Cowboys. Rosenmontag war der große Tag, an dem man gleich in der Früh verkleidet in die Kindertagesstätte gebracht wurde. Am Nachmittag war

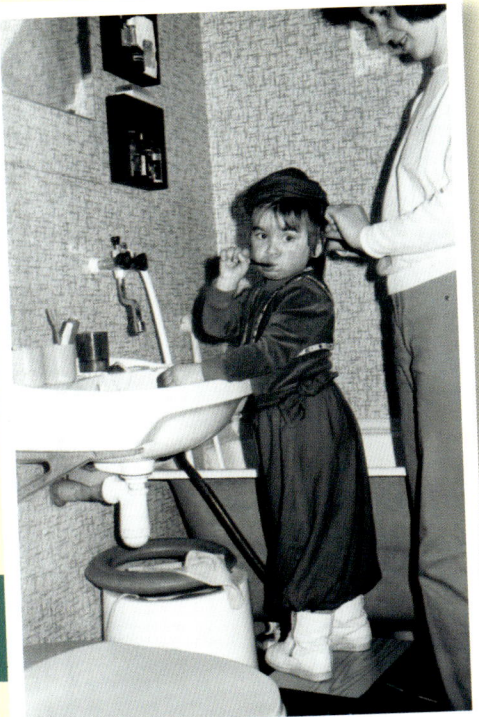

es Tradition, bunt bemalt und mit den selbst genähten Kostümen in einer Gruppe von vielen Kindern aus der Nachbarschaft „betteln" zu gehen. Mit unseren Stoffbeuteln in der Hand klingelten wir an jeder Haustür der Umgebung. Zur Begrüßung sagten wir im Chor unseren Spruch auf, sonst bekamen wir keine Gaben von den Leuten:

„Ich bin der kleine König,
gebt mir nicht zu wenig,
gebt mir nicht zu viel,
sonst komm' ich mit dem Besenstiel!"

Der kleine Muck macht sich fertig für den Rosenmontag.

Im Kindergarten steigt die große Faschingsfeier.

Sehr großzügig waren die meisten. Viele ältere Menschen buken sogar Kekse für uns Faschingskinder. Überglücklich kehrten wir zurück ins traute Heim. Den Beutel schnell ausgeschüttet, schauten wir uns all die wunderbaren ergatterten Schätze an. Natürlich blieben die nicht lange liegen und wanderten schnell in unsere Kindermünder.

Das Lametta am Christbaum gehört zu Weihnachten wie die Geschenke.

## Von Weihnachten …

Weihnachten ist eines der Hauptfeste und wurde auch in den sozialen Einrichtungen und den Betrieben ausgiebig zelebriert. Schon zur Vorweihnachtszeit fingen wir an, fleißig Weihnachtskarten zu basteln. Die Tanten schrieben einen Weihnachtsspruch darauf und wir unterkrakelten mit unserem Namen. Zur Gestaltung der Fenster der Kindergärten durften wir unserer Fantasie freien Lauf lassen. Die Tanten halfen uns jedoch bei einer Schneelandschaft aus Watte und dem Ausschneiden der Papiersterne. Eine festliche Stimmung kam trotz mangelnder Weihnachtsbäume und Baumkerzen auf. Ob zu Hause oder im Kindergarten, es gab einen Adventskalender, dessen Fensterchen man öffnen konnte. Hinter diesen war auf

4. bis 6. Lebensjahr

einer zweiten, angeklebten Papierschicht ein Bild mit einem Motiv aus der Weihnachtsgeschichte zu sehen. Das bewahrte den Bezug zur Weihnachtszeit. Beliebter waren natürlich die Kalender, die 24 kleine, geformte Schokoladenstücke beinhalteten, doch die kamen meist aus dem Westen.

In den letzten Tagen vor Weihnachten kam der Weihnachtsmann manchmal sogar schon mit seinen Wichteln im Kindergarten vorbei. Die große und mächtige Gestalt mit einem Sack und einer Rute in den Händen war nicht jedem Kind geheuer. Viele fürchteten sich und fingen an zu weinen, wenn sie an der Reihe waren und der rot bemäntelte Mann mit seinem langen weißen Bart ihren Namen aufrief. Man hatte sich meist schon ein Gedicht oder ein Lied ausgesucht, das man gleich vortrug. So war garantiert, dass man sich schnell wieder auf seinen Platz setzen konnte, um das Geschenk auszupacken und zu begutachten. Den Tisch schmückten Dresdener Stollen und Walnüsse, deren Schalen man mit einem Erzgebirgsnussknacker aufbrach.

Vor dem Fest erreichten uns daheim die Westpakete. Sie enthielten Bohnenkaffee und Zigaretten für die Eltern und seltene Süßigkeiten für uns. Mama war am Morgen des Heiligabends damit beschäftigt, die Geschenke einzupacken, und Papa richtete den spärlichen Nadelbaum in einem mit Sand gefüllten Eimer auf. Danach schmückten wir gemeinsam den Baum mit Bleilametta und glänzenden Christbaumkugeln. Wir konnten schon einen Tag zuvor nicht schlafen, so nervös waren wir. Wir fragten uns, ob unser Wunschzettel auch wirklich den Gehilfen des Weihnachtsmannes erreicht hatte und ob der auch an alles gedacht hatte. Traditionell gab es am Abend warme Würstchen mit Kartoffelsalat. Nach dem Essen versammelte sich die Familie um den Baum. Nun erklang endlich ein kräftiges Klopfen an der Tür, darauf warteten wir das ganze Jahr.

Herein kam Knecht Ruprecht. Entweder war es jemand aus der Verwandtschaft, der sich heimlich und leise verdrückt hatte, oder die Eltern heuerten einen Arbeitskollegen an, damit wir Kinder ja keinen Verdacht schöpften. Er verlor ein paar

Auch in den Kindergarten kommt der Weihnachtsmann.

Worte über unser Benehmen in den letzten Monaten. War man nicht artig gewesen oder hatte keinen weihnachtlichen Gruß parat, drohte er mit der Rute. Hatte er seinen Sack geleert und verteilt, machte er sich wieder auf den Weg. Nun aber ran ans Auspacken, das war der allerschönste Teil. Jetzt interessierten uns die Waffeln, Lebkuchen und Orangen auf dem Gabenteller weniger. Gleich konnten wir das neue Puppenhaus, die spritzige Rennbahn oder den tollen Kaufmannsladen ausprobieren. Vor dem Zubettgehen legten wir stolz unsere Errungenschaften unter den Tannenbaum.

An den Weihnachtsfeiertagen ging es meist zu den Großeltern. Gespeist wurden Gänsebraten oder Ente mit Klößen. Bereichert wurden unsere Kinderherzen mit noch mehr Spielzeug, Süßigkeiten und auch so manchen Kleidungsstücken, die meist Schrankhüter blieben und die wir nur beim nächsten Besuch der Oma trugen.

## … und anderen Festen

Für Mutti zum Muttertag.

Zum Muttertag revanchierten wir uns bei der Mutti. Aus Kartoffeln schnitzten wir ein hervorstechendes Motiv, zum Beispiel ein Herz oder einen Stern. Mit dem entstandenen Stempel bedruckten wir ein helles Leinentuch mit bunter Farbe. „Mama, du bist die Beste!" war der vollendete Schriftzug, bevor wir ihr das Schmuckstück für die Wand an dem Sonntagmorgen zum Frühstück überreichten. Auch für den Papi wurde so einiges gebastelt. Die Tanten

4. bis 6. Lebensjahr

Im Kindergarten bastelten wir immer passend zur Jahreszeit.

Frohes Osterfest

Den geb' ich nicht wieder her.

im Kindergarten hatten alljährlich immer wieder neue Ideen und Vorschläge für uns, um uns an Christi Himmelfahrt auch bei dem Vater für seine Liebe zu bedanken.

Schossen schon die Märzenbecher und Krokusse aus den noch feuchten Böden, war Ostern nicht mehr weit. Traditionell bemalten wir kunstvoll Eier. Wir tauchten sie in Farbe und polierten sie im Anschluss mit reinem Speck. So glänzten sie köstlich in einem mit Gras oder ähnlichem Material ausgelegten Korb, der dann verschenkt wurde. In einer großen, eiförmigen Pappschachtel versteckten die „Osterhasen" viele Süßigkeiten in den Wäldern oder um unser Haus. Wir Kleinen gingen der Suche nach. Viele der Osterbräuche wurden auch in nicht gläubigen Familien ausgeübt. Man stellte Zweige in Vasen und schmückte sie mit ausgeblasenen Ostereiern und Holzfiguren. Vielerorts wurden am Osterwochenende Osterfeuer entfacht. Ein Osterlamm wurde zum Mittagessen gereicht und zum Nachtisch gab es einen Kuchen in Hasenform.

## Bananenjagd

Unsere Großeltern waren meist früh auf dem Weg zum Einkaufen, um etwas Besonderes zu ergattern. Passend zu ihrer Dederon-Schürze hatte Oma sich einen Einkaufsbeutel genäht. In diesem Aufzug begab sie sich in die nahe gelegene HO-Kaufhalle. Die kleine Kaufhalle war an manchen Tagen brechend voll mit Kunden. Der Grund war das Tagesangebot: Bananen. Nur selten gab es diese besonderen Früchte. Zielstrebig ging Oma zur Gemüseabteilung. Eine Verkäuferin überwachte das Geschehen und passte auf, dass keiner zu viele nahm. Man konnte nur hoffen, dass sie nicht schon alle waren, bevor man selber an der Reihe war. Der Preis bei Bananen war instabil – im Gegensatz zu den Gütern, die mit EVP (Einzelhandelsverkaufspreis) ausgewiesen waren. Das war der landesweite, staatliche Festpreis. Grundnahrungsmittel und bestimmte Konsumgüter waren im SED-Staat subventioniert.

## Entdeckungen auf Rädern

Unsere ersten rollenden Bewegungen machten wir mit dem Dreirad. Später wurden an unsere Fahrräder Stützräder angebaut, sodass ein Umkippen nicht möglich war. Langsam, aber sicher lernten wir, die Balance zu halten, um ohne diese Hilfsräder klarzukommen. Nun standen auch Wochenendausflüge in die Natur mit dem Rad an. Bei Radtouren in die nahe gelegenen Wälder und an die Seen war immer ein großer Proviantkorb mit dabei. Denn schon nach dem ersten Kilometer schrien wir Kinder nach einer Pause. Auf einer ausgebreiteten Decke im hohen Gras aßen wir Schokoriegel und belegte Bemmen. In den Wintermonaten fegten wir auf Kufen über gefrorene Seen, Teiche und Flüsse.

4. bis 6. Lebensjahr

Wir waren so sehr konzentriert und angespannt, um nicht gleich auf den Hintern zu fallen, dass wir den kalten Wind, der uns die Nase rot färbte, vergaßen.

In lauen Sommermonaten hingegen fegte uns frischer Fahrtwind auf dem Moped Simson 50 um die Ohren, ein Kickstarter mit drei Gängen. Oft fuhr der Papa, die Mama saß hinten drauf, das kleinere Kind zwischen den beiden und das größere auf dem Tankdeckel. Niemanden störte es, wenn vier Personen auf einem Zweirad fuhren.

Nicht alle Familien hatten ein Auto, zu lange war die Wartezeit auf einen Trabi und zu hoch für manche der Preis. Gern fuhren wir Kinder daher bei Nachbarn oder Bekannten im Trabant mit.

Jeder DDR-Bürger ab 18 Jahren konnte beim IFA Kombinat Personenkraftwagen eine Bestellung einreichen. Die Wartezeit betrug allerdings zwischen zehn und 15 Jahren. Da jeder über 18, selbst die älteren Menschen, die keinen Führerschein besaßen, prophylaktisch eine Bestellung einreichte, ergab sich natürlich eine völlig verzerrte Bedarfsdarstellung.

Eine Sonderregelung gab es für Betriebsangehörige der Sowjetisch-Deutschen Aktiengesellschaft (genannt SDAG Wismut). Sie bauten hauptsächlich Uran im Erzgebirge und in Thüringen ab und konnten alle zwei Jahre ein Neufahrzeug beziehen. Dafür erlebte jedoch kaum ein solcher Bergarbeiter das Rentenalter.

Wegen der hohen Nachfrage nach Pkws entstand ein reger Schwarzhandel. In Leipzig

Was dem Papa seine Simson, ist uns das Dreirad!

Auf der Simson 50 ist Platz für mindestens drei.

zum Beispiel gab es einen offiziell geduldeten Schwarzmarkt. Dort war es keine Seltenheit, dass für einen Wartburg bis zu 50 000 Mark bezahlt wurden. Im Kaufvertrag wurde der normale Kaufpreis eingetragen und den Rest übergab man in bar in einer Papiertüte an den Verkäufer. Es wurde nicht darüber gesprochen. Hatte man genügend Westmark, war so einiges leichter und man konnte sich ein Auto auch aus Dänemark importieren lassen. Doch nicht nur fahrbare Untersätze waren mit der Deutschen Mark besser zu bekommen. Ein größeres Angebot an Wohnungseinrichtungen, Spielzeugen, Kleidern und Lebensmitteln war mit der Westmark in Intershops auch zu kriegen.

### Politische Wende

*Seit Mitte des Jahres 1989 fliehen immer mehr DDR-Bürger über Ungarn, das am 2. Mai 1989 seine Grenzen nach Österreich geöffnet hat, in den Westen. Seit dem 11. September ist den DDR-Bürgern die Ausreise nach Österreich sowie über die Botschaften der Bundesrepublik Deutschland in osteuropäische Bruderstaaten, z. B. in die Tschechoslowakei oder nach Polen, möglich.*

*Da die DDR-Führung die Umgestaltungspolitik des sowjetischen Generalsekretärs Michail Gorbatschow nicht nachvollziehen will, destabilisiert sich die innenpolitische Lage in der DDR zunehmend. Auch die wirtschaftliche Lage verschlechtert sich. Die auf der sowjetischen Perestroika-Politik beruhenden, von Erich Honecker aber verhinderten Veränderungen führen im*

25

4. bis 6. Lebensjahr

Montagsdemo in Leipzig mit 70 000 Teilnehmern.

Rahmen der Friedensgebete der Evangelischen Kirche seit August 1989 zu regelmäßigen Protestdemonstrationen. Diese weiten sich vor allem in Leipzig zu friedlichen Großdemonstrationen unter dem Motto „Wir sind das Volk" aus und erhöhen den Druck auf die Regierung. Am 18. Oktober muss Honecker unter dem Druck der öffentlichen Proteste und der Ausreisewelle zurücktreten. Sein Nachfolger wird Egon Krenz, der jedoch nur sechs Wochen im Amt bleibt. Auf dem Alexanderplatz in Berlin fordern am 4. November eine Million Menschen Reformen des Staatswesens wie freie Wahlen, Meinungsfreiheit und den Rücktritt der Regierung. Wenige Tage später, am 8. November, tritt auch das gesamte SED-Politbüro geschlossen zurück, ist aber mit verkleinertem Gremium wieder da, darunter Politbüromitglied Günther Schabowski. Er verliest am Abend des 9. November 1989 einen Zettel auf einer internationalen Pressekonferenz: „Privatreisen nach dem Ausland können ohne Vorliegen von Voraussetzungen – Reiseanlässe und Verwandtschaftsverhältnisse – beantragt werden. Die Genehmigungen werden kurzfristig erteilt." Auf die Frage hin, wann das in Kraft trete, antwortet Schabowski: „Das

tritt nach meiner Kenntnis … ist das sofort, unverzüglich." Ab hier sind es nur noch wenige Stunden, die einem wie winzige Minuten vorkommen. Um 19.30 Uhr berichtet darüber die „Aktuelle Kamera", um 20 Uhr die „Tagesschau" und gegen 20.30 Uhr fordern die ersten Ostberliner am Grenzübergang Bornholmer Straße „Tor auf! Tor auf!". Um 00.02 Uhr ist es tatsächlich wahr geworden. Ostberliner und Westberliner stehen gemeinsam auf der Mauer, nachdem sämtliche Grenzübergänge geöffnet wurden.

Zum neuen Vorsitzenden des Ministerrates wählt die Volkskammer am 13. November Hans Modrow, bisheriger Erster Sekretär der Bezirksleitung der SED Dresden. In dessen Regierungszeit werden die runden Tische zur zweiten demokratischen Diskussionsebene. Die weiterhin stattfindenden Montagsdemonstrationen der DDR-Bevölkerung und die Maueröffnung führen schließlich zum Zusammenbruch des SED-Regimes. Die unbewaffneten Demonstranten bleiben friedlich, und die bewaffneten Organe der DDR, die bis zum Mauerfall noch mit Prügeleien und Verhaftungen auf die Demonstrationen reagiert haben, verzichten jetzt auf den Einsatz der Waffen.

# Schlaraffenland in Westdeutschland

Eines Tages im November 1989 machten wir mit der Familie einen Ausflug.
Uns Kinder beirrte der Ausflug nicht, denn wir waren gerade mal fünf Jahre alt.
Am Ziel angekommen, wurden wir von den Gastgebern nicht nur nett und
fröhlich empfangen, sondern auch zugeschüttet mit den tollsten Süßigkeiten.
Es war wie im erträumten Schlaraffenland. Die vielen bunten Kaugummikugeln
in einer Packung und das Eis Ed von Schleck. So viel Leckereien in den
verschiedensten Formen und Farben. Unsere Kinderherzen waren somit
erobert. Wie wir erst später realisierten, war dies unser erster Westbesuch.

Wenig später holten sich die Familien ihr Begrüßungsgeld in der Bundesrepublik ab. Dafür war wieder eine längere Autofahrt notwendig, wenn man nicht
direkt in Berlin wohnte. Wir
Kinder freuten uns umso mehr
über die Mandarinen oder die
Schokolade, die wir im Westen
bekamen.

Vor einer Bank stehen Ostberliner
Schlange, um sich ihr Begrüßungsgeld abzuholen.

## Begrüßungsgeld

Zwischen dem 9. und dem 31. Dezember
1989 erhalten Bürger der DDR in der
Bundesrepublik ein Begrüßungsgeld.
Die Auszahlung bekamen ursprünglich
nur diejenigen, die eine eingeschränkte
Reisefreiheit hatten. Als jedoch nach der
Maueröffnung alle DDR-Bürger in die
Bundesrepublik und nach Westberlin
reisen können, entsteht ein logistisches
Problem. Vor den Sparkassen in Berlin
herrscht ein Chaos, weil Tausende Bürger
gleichzeitig an den Auszahlungsstellen
anstehen und somit der Verkehr zusam-
menbricht. Banken halten ihre Geschäfts-
stellen sogar während der Nacht offen.
Innerhalb von zwei Tagen haben über
drei Millionen Bewohner der DDR den
Westen besucht. Die Auszahlung des
Begrüßungsgeldes durch Banken und
Sparkassen wird in den nachfolgenden
Tagen in der gesamten Bundesrepublik
übernommen. Als Vorlage reicht ein
Personalausweis oder Pass. Bayern
und Kommunen wie München zahlen
sogar noch einen Zuschlag zum Begrüßungsgeld.

4. bis 6. Lebensjahr

# Muttihefte, Zeugnisse und **neue** Schulfreunde

## Abc-Schützen und ihre ersten Banknachbarn

Wer vor dem 31. Mai sein sechstes Lebensjahr erreicht hatte, durfte die erste Klasse besuchen. War der Geburtstag erst im Juni oder später, blieb man meistens noch ein Jahr länger im Kindergarten. Ein Zuckertütenfest sollte uns vor der Einschulung aus dem Kindergarten verabschieden. In der Kindereinrichtung erzählten uns die Tanten von Tüten, die an den Bäumen wachsen. Das Fest stellte auch eine Zusammenkunft aller Kindergartenkinder dar, deren Wege sich im kommenden Lebensabschnitt trennten, wenn sie auf unterschiedliche Schulen gingen. Wir Kinder pflückten jedes eine kleine Zuckertüte, führten Tänze auf und sangen Lieder. Die Vorfreude auf die Schule und die richtige Schultüte wuchs.

Die Grundschule richtete einen größeren Saal oder die Turnhalle her, um das Einschulungsprogramm den Schulanfängern und ihrer gesamten Verwandt-

Der Abschied aus dem Kindergarten endet unterm Zuckertütenbaum.

# Chronik

**11. Februar 1990**
Nach 27 Jahren wird der Führer der schwarzen Südafrikaner, Nelson Mandela, aus dem Gefängnis entlassen.

**1. Juli 1990**
Die deutsch-deutsche Wirtschafts-, Währungs- und Sozialunion tritt in Kraft. Die DM ist fortan einziges Zahlungsmittel in ganz Deutschland.

**8. Juli 1990**
Deutschland wird Fußballweltmeister in Italien mit einem Sieg im Finale gegen Argentinien.

**3. Oktober 1990**
Tag der Deutschen Einheit: Die DDR tritt der Bundesrepublik bei. Das geeinte Deutschland erhält seine volle Souveränität.

**22. Februar 1991**
Der US-amerikanische Präsident George Bush stellt dem Irak das Ultimatum, bis zum 23. Februar um 18 Uhr (MEZ) mit dem Rückzug aus Kuwait zu beginnen. Dies setzt der Irak am 26. Februar um und erklärt sich einen Tag später zur Anerkennung der UNO-Resolutionen bereit.

**25. Februar 1991**
Die sechs im Warschauer Pakt verbliebenen Staaten (UdSSR, Rumänien, Bulgarien, Polen, CSFR, Ungarn) beschließen die Auflösung des Militärbündnisses.

**31. März 1991**
In Georgien sprechen sich fast 99 Prozent der Bevölkerung für eine Unabhängigkeit ihres Landes von der Sowjetunion aus.

**10. April 1991**
Im Automobilwerk Eisenach rollt der letzte Personenkraftwagen der Marke Wartburg vom Band, daraufhin in Zwickau am 30. April der letzte Trabant.

**26. August 1991**
In Leipzig wird der erste gesamtdeutsche Duden seit 40 Jahren vorgestellt.

**12. April 1992**
Bei Paris eröffnet die Walt Disney Company ihren neuen Freizeitpark „Euro-Disneyland".

**1. November 1993**
Der Vertrag über die Europäische Union (auch Vertrag von Maastricht) tritt in Kraft.

schaft vorzuführen. Die älteren Jahrgänge der zweiten bis vierten Klasse hatten eigens für uns Neulinge ein komplettes Programm mit den Lehrern einstudiert. Neigte sich die Veranstaltung dem Ende zu, wanderten wir zügig mit unseren neuen und blinkenden Schulranzen ins Schulgebäude zurück. Kurze Zeit später saßen wir in unserem Klassenzimmer.

Meist setzten wir uns neben den einen oder anderen Kindergartenkameraden, den wir gut leiden konnten. Die Klassenlehrerin oder der Klassenlehrer stellte sich vor. Vor jedem von uns lagen ein Stundenplan und ein Heftchen. Eine orangefarbene Mütze mit Sonnenblende für die Schulanfänger wurde von der Verkehrswacht gesponsert.

Unsere erste Schulstunde beendete der Lehrer mit dem Satz: „Der Zuckertütenbaum muss geerntet werden." Ruckzuck waren wir im Schulgarten an einer der hohen Kastanien

angekommen. Die riesengroßen Zuckertüten wurden endlich vom Baum genommen. Ganz gespannt wartete man ab, bis der eigene Name aufgerufen wurde. An die Öffnung der Tüte war meist ein Kuscheltier gebunden. Stolz zeigten wir der Familie unsere Schultüte. Jetzt dauerte es aber noch ein wenig, bis wir auch den Inhalt inspizieren konnten. Mit allem Drum und Dran ging es anschließend zum Picknicken ins Grüne, wo wir unverzüglich unsere Zucker- tüten ausschütteten. Der Inhalt bestand aus vielen neuen, westlichen Dingen zum Spielen und Essen. Unzählige Süßigkeiten, Gebrauchsgegenstände für die Schule wie Buntstifte, Radiergummi und Lineal, Haarschmuck oder ein Spielzeugauto und ein Portemonnaie fanden wir in den Tüten. Die Großeltern schenkten großzügig ein Fahrrad, andere Verwandten Freundschaftsbücher, Springseil und Seifenblasen. Zurück zu Hause wurde ein kaltes Buffet geliefert und die Erwachsenen ließen den Abend mit Wein und Schnaps ausklingen. Wir zeigten allen Freunden unsere Errungenschaften, bis wir müde ins Bett fielen.

Stolz mit Schulranzen – natürlich ein modernes Modell – und Zuckertüte.

## Hurra – die Schule beginnt!

Voll bepackt mit Ranzen und Brotbeutel bestritten wir den ersten Schultag. Fast jeder Zweite in der Klasse trug ein Micky-Maus-T-Shirt. Die Motive wiederholten sich, egal, ob Junge oder Mädchen.

Unser Jahrgang folgte als Erster dem westdeut- schen Lehrplan. Sowohl die Lehrer als auch die Schuldirektoren waren jedoch mit der neuen Aufgabe überfordert. So war in der ersten Klasse der Lehrplan noch nicht ganz ausgefeilt. Es wurde zu Beginn ein eher spielerischer Unterricht erteilt. Mit dem zu lernenden Stoff, den die alten Bundesländer nun vorgaben, mussten sich die Lehrer erst einmal ver- traut machen.

Uns Kinder störte das gar nicht. Wir erfreuten uns an den morgendlichen Spielchen im Klassenraum. Nach und nach wurde uns das aufmerksame Zuhören beigebracht und das Lernen gelehrt. In der ersten

Die Klassenkameraden mit ihren Schultüten.

Klasse gab es noch keine Noten, nur eine Einschätzung für die Eltern. Ab dem zweiten Halbjahr der zweiten Klasse wurden dann Zensuren für Lesen, Schreiben und Rechnen verteilt. Auf dem alltäglichen Programm standen zudem auch noch der Küchenhilfsdienst, der immer wechselte und das Aufschlagen der Betten, um den Mittagsschlaf einzuhalten. Nur Kinder, die einen weiten Schulweg mit dem Bus zurücklegen mussten, durften schon eher nach Hause und waren vom Ruhen in der Schule befreit.

### Ein Deutschland, eine Währung

*Die Mark ist seit dem 1. Juli 1990 kein Zahlungsmittel mehr. Das einheitliche Geld in der Bundesrepublik Deutschland ist fortan die Deutsche Mark. Bis 4000 Mark kann jeder Bürger zum Wechselkurs von 1:1 tauschen. Lediglich die über 60-Jährigen dürfen bis 6000 Mark zum Kurs von 1:1 tauschen. Wer mehr Geld zur Verfügung hat, tauscht im Verhältnis 2:1.*

*1990 ist auch das Jahr, in dem sich die Bürger der DDR mit überwältigender Mehrheit dafür aussprechen, die DDR mit der Bundesrepublik zu vereinigen. Am 3. Oktober 1990 um 0.00 Uhr sind die beiden deutschen Staaten nach über 40 Jahren wieder eins.*

Die alten DDR-Scheine verschwanden von der Bildfläche.

7. bis 10. Lebensjahr

# Alles schläft, nur wir sind wach

Der Westen hatte uns schnell eingeholt, vor allem im Fernsehen. Seit 1991 lief jeden Sonntag die Wiederholung vom „Disney Club" auf dem Sender ARD. Waren wir schon wach, schalteten wir in der Wohnstube um acht Uhr den Fernseher an und lauschten gespannt Ralf Bauer, der anfangs die Sendung moderierte. Es war eine deutsche Fernseh-Unterhaltungssendung mit den „Duck Tales", „Darkwing Duck", „Chip und Chap", „Käpt'n Balu und seiner tollkühnen Crew".

Zeichentrickfilme füllten nach der Wende immer mehr das Programm, und für uns, die bisher nur DDR 1, DDR 2 und vielleicht noch ARD und ZDF kannten, kamen viele neue Fernsehsender hinzu. „Arielle, die Meerjungfrau" und die „Gummibärchenbande" ließen uns stundenlang vor dem Farbfernseher verharren. Deswegen gab es ein Fernsehverbot von den Eltern, wenn die Augen angeblich schon viereckig geworden waren.

### Medienrummel Ost und West

*Am 2. Mai 1991 kommt die Zeitung „Super!" in Ostdeutschland mit einer Startauflage von 500 000 Exemplaren auf den Markt. Super! ist eine Boulevardzeitung, die vom Burda Verlag speziell für Ostdeutschland konzipiert wurde. Eine bekannte Mitarbeiterin ist die Schriftstellerin und Fernsehmoderatorin Else Buschheuer, die als Klatschkolumnistin „Super Else" für Super! schreibt.*

*Wegen extrem reißerischer Artikel und Überschriften gilt die Zeitung als umstritten. So titelt sie bereits am zweiten Erscheinungstag mit einer Schlagzeile, die berühmt geworden ist und das Image geprägt hat: „Angeber-Wessi mit Bierflasche erschlagen. Ganz Bernau ist froh, dass er tot ist." Das findet man im Westen erschütternd, denn selbst die BILD hätte sich so etwas nicht getraut. Dabei wird allerdings völlig vergessen, dass die meisten der Super!-Angestellten vom Springerverlag abgeworben waren. Im Februar 1992 behauptet Super!, dass der Journalist Günter Wallraff ein „Einflussagent" der DDR-Staatssicherheit gewesen sei. Dieser wehrt sich vor Gericht erfolgreich gegen die Berichte. Nach einer Reihe weiterer aufregender Überschriften wird nach 15 Monaten das Erscheinen bereits wieder eingestellt. Doch die Idee einer Zeitschrift für ostdeutsche Bürger wird weiterverfolgt und so erscheint wenig später die Super Illu.*

Bienchen für die schöne Schrift.

Fleißbienchen im Muttiheft.

## Muttihefte, Poesiealben und Zeugnisse

Ein Bienchen brachte uns erfolgreich getane Hausaufgaben und ordentliches Benehmen ein. Wer die Milchbestellung der Klasse wöchentlich übernahm, bekam ein besonders dickes Lob. Ganz stolz zeigten wir nach der Schule den Stempel in unserem Muttiheft den Eltern. Der Lehrer trug diese Stempel im jeweiligen Wochentag ein und unterzeichnete es. Oft stand auch ein Grund dabei wie: „Für vorbildliches Verhalten." Ganz wild waren wir auf die Bienchen und sammelten so viele wir nur konnten. Denn diese wurden selbstverständlich in der Klasse ausgezählt. Das Mitteilungsheft diente jedoch nicht nur dem Fleißeintrag, abgesehen von dem Stundenplan nutzte man es für jegliche Kommunikation zwischen dem Lehrer und den Eltern. Auch Tadel wurden in den Merkheften versehen. Regelmäßig fragte die Mutter nach dem Büchlein, um sich zu vergewissern, ob in der Schule alles rechtens ablief mit ihrem Liebling. Bestimmte Ereignisse hätte sie nicht von uns erfahren, dafür aber durch einen Eintrag im Muttiheft.

In den Schulpausen waren wir damit beschäftigt, Aufkleber untereinander zu

Stempel statt Noten in der ersten Klasse.

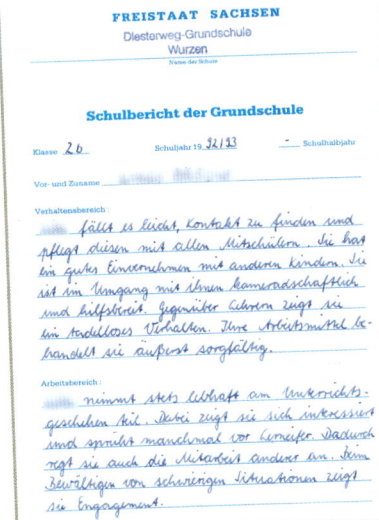

Die ersten Noten auf dem Zeugnis ab Klasse zwei.

tauschen und sie in Stickeralben zu kleben. Durch verschiedene Hände wanderten auch unsere Poesiealben. Ab dem Moment, wo wir das ABC schreiben konnten, machte ein Sprüchebuch nach dem anderen die Runde. Zuerst ließ man die besten Freundinnen und Freunde eintragen, dann die anderen Klassenkammeraden und zum Schluss auch Lieblingslehrer und die Familie. Viele machten sich große Mühe und gestalteten eine Seite sehr ausgiebig, manchmal versehen mit einem Foto.

Weniger bunt waren unsere Zeugnisse. In Blau-Weiß gehalten wurde darin über unser Verhalten in der Schule berichtet. Besonders gespannt waren wir auf das erste Zeugnis mit Noten. Denn fiel es gut aus, wurde man mit einer D-Mark pro Einser oder einer Einladung auf einen riesigen Eisbecher belohnt.

Freundschaftsbücher stehen nun hoch im Kurs.

## Mit Sport und Spiel kommen wir ans Ziel

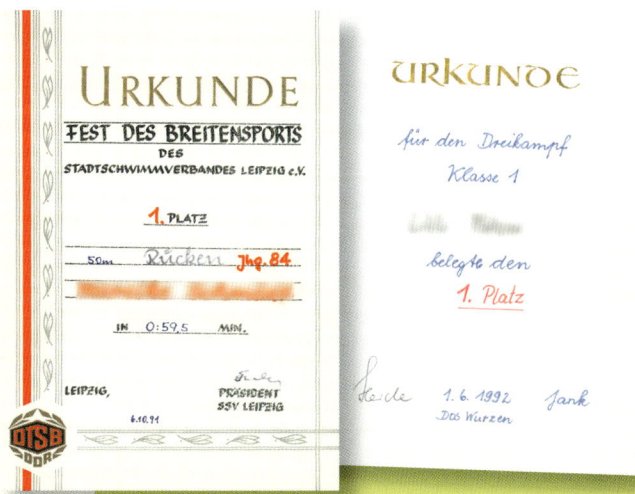

Auf die Urkunden sind wir mächtig stolz.

Vor jeder Sportstunde mussten wir unser Turnzeug und unsere Turnschuhe anziehen, um in die Sporthalle zu kommen. Im Sportbeutel hatten wir an diesen Tagen alles dafür parat. Diese Unterrichtsstunden waren stets ein guter Ausgleich zum Lernen, darum nahmen die meisten mit viel Freude teil. Nicht jede Art von Sport fiel den Kindern leicht, doch an Verausgabung fehlte es nicht. In der Halle fingen wir uns gegenseitig, schlugen Rollen auf Bodenmatten und kletterten die Sprossenwand beim Feuer-Wasser-Sturm-Spiel hinauf. Ab der dritten Klasse wurden Noten für sportliche Leistungen vergeben. Auch in diesem Jahr begann der Schwimmsport in einer örtlichen Schwimmhalle. Ein Bus brachte uns einmal in der Woche dorthin: Das Seepferdchen, Bronze- und Silberabzeichen konnten wir in den folgenden zwei Jahren im Schwimmunterricht ablegen.

Sportfeste fanden alljährlich im Stadion mit allen Grundschulen statt und waren ein Highlight. Die Schüler konnten sich selbst einbringen. Ob mit einer Gymnastikübung oder einer Tanzvorführung – an Offenheit der Schulleitung hat es nicht gefehlt. Die Schulen traten in Leichtathletik gegeneinander an. Belohnt wurden die Besten mit Medaillen und Sachpreisen aus Sponsorenware. Der Tag des Sports wurde so gestaltet, dass die Talentsichtung im Vordergrund stand. Sportvereine warben Grundschüler für die unterschiedlichsten Disziplinen an. Ballsportspiele standen dabei hoch im Kurs.

## Theorie und Praxis

Schnell entwickelten wir unsere Vorlieben in der Schule. In einer Liste unterschiedlichster Arbeitsgemeinschaften konnten wir uns eintragen. Für künstlerisch orientierte Schüler wurden Zeichenkurse und Musikstunden angeboten.

7. bis 10. Lebensjahr

Kunstwerke aus der
Grundschulzeit.

Der Zeichenzirkel traf sich nachmittags und malte mit Bleistiften, Pinseln und Kreiden. Im Schulchor wurden die Stimmbänder der Jungen und Mädchen fleißig trainiert. Die Sänger kamen dann bei Schulfesten zum Einsatz. Zusätzlichen Musikunterricht gab es in separaten Musikschulen, die von Akkordeon über Flöte bis hin zum Xylophon alles anboten. Unsere Musiklehrer brachten uns auch mit englischen Liedern die neue Sprache näher. So lernten wir auch unsere ersten englischen Vokabeln.

Die Verkehrswacht lehrte uns das sichere Radfahren. Zunächst untersuchte sie die Verkehrstauglichkeit der Fahrgestelle auf ordnungsgemäße Bremsen, Luftdruck und Beleuchtung. Den wenigen, die bis dahin noch nicht die Balance auf dem Fahrrad halten konnten, wurde es spätestens in der Grundschule beigebracht. Einen umfangreichen Parcours hatten wir anschließend zu bewältigen. Nach etwas Übung war jeder Einzelne an der Reihe und musste ihn möglichst fehlerfrei durchfahren. Danach wurde uns ein Fahrradpass ausgestellt, welcher die Fähigkeit des Radfahrens und die Kenntnis über die wichtigsten Verkehrsschilder und -regeln wie Stopp und Vorfahrt gewähren bestätigte.

Die Sport-AG hat ihren großen Auftritt.

## Besondere Tage in der Schule

Unterbrochen wurde der Unterricht manchmal von Ärzten oder Fotografen, die die Schule bestellt hatte. So hatten sich alle Klassen nacheinander im Speiseraum einzufinden, um das obligatorische Foto für die Wand des Schulflures

... natürlich mit
Micky-Maus-T-Shirt.

und für Mamas Fotoalbum schießen zu lassen.
Alle aufstellen, lächeln und knipsen. Da waren
wir nun vereint auf einem Klassenfoto mit der
Lehrerin, die eine kleine Tafel in der Hand
hielt. Darauf war die jeweilige Klassenstufe
erkennbar. Auf Porträtfotos wurden wir meist
mit einem Buch oder einem Stofftier in der
Hand abgelichtet. Später bekam man die
Fotos mit nach Hause und die Eltern konnten
sie zu stolzen Preisen erwerben.

Oder man fand sich in kleinen Gruppen
beim Schularzt ein. Der Allgemeinarzt kontrol-
lierte das Gewicht, den Körperbau und die
Reflexe, notierte sich alles und verabschiedete
uns mit einem Bonbon. Zum Zahnarzt wollten die wenigsten gern. Der in der
Schule allerdings schaute sich nur die Zähne an und verwies bei mangelnder
Zahnpflege und Karies an den Hauszahnarzt.

Ein kompletter Schultag wurde für Wandertage genutzt. In den nahe gelegenen Wäldern waren vor allem Schnitzeljagden immer wieder ein Abenteuer.
Am Ende des Tages und nach anstrengendem Wandern erwartete alle Schüler
eine Belohnung.

Die unmittelbare Natur erforschten wir ebenso bei mehrtägigen Klassenfahrten. Untergebracht in Schullandheimen, lernten wir da so manches auf spieleri-
sche Weise. Unterschiedliche Tiergeräusche erkennen und Baumarten deuten
waren zwei von vielen Möglichkeiten, den Kindern über Mutter Natur etwas
beizubringen. Geschlafen haben wir in Mehrbettzimmern, natürlich getrennt
nach Jungen und Mädchen. Um die Verpflegung und die Ausflüge kümmerten

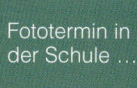

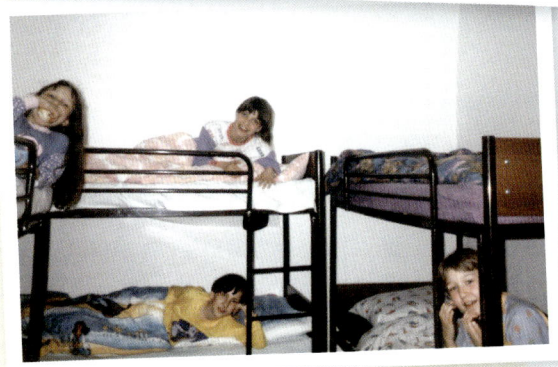

sich die Herbergseltern und Lehrer.
Und auch an ein abendliches
Lagerfeuer mit Knüppelkuchen
wurde gedacht. Die Kinderdisco
allerdings arrangierten wir meist auf
eigene Faust mit einem einfachen
Kassettenrecorder. Jeder brachte
dazu seine Lieblingskassette mit.
Lustig war auch die Schlafanzug-
party. Dann durften wir länger
aufbleiben und uns Geschichten im
Bett erzählen. Zwar sollte ab 22 Uhr
Nachtruhe herrschen, aber natürlich
klappte das meistens nicht.

## Heitere Geburtstagsrunde zur Nachmittagsstunde

Endlich Zeit aufzustehen. Nie freuten wir uns so sehr, zeitig wach zu sein, wie
an unserem Geburtstag. Nach einer fast schlaflosen Nacht gingen wir ganz
aufgeregt in die Küche oder in die Stube, wo wir alljährlich die vielen tollen
Geschenke vorfanden. Die Blumen dienten eher als Dekoration, aber die

Beliebte Geburtstagsspiele sind Verkleiden und Modenschauen.

Süßigkeiten, vor allem die Kinderschokoladen ließen unsere Augen leuchten – und erst die kleinen und großen Pakete in glänzendem Geschenkpapier und Schleifenband. Dies war unser Tag!

Freudig bestritten wir den Weg zur Schule. Die Müdigkeit merkten wir gar nicht vor lauter Glückseligkeit. Noch war er nämlich nicht vorbei, der Ehrentag. In der Schule durften wir uns ein Spiel ausdenken und zu Beginn des Unterrichtes spielen. Gern wurden Galgenraten und Bankrutschen gewählt. Nach der Schule ging es schnell nach Hause, um ja nicht die Großeltern zu verpassen. Auch sie kamen meist mit mehr als einem Geschenk zum Geburtstag ihrer Enkel. Der Nachmittag stand hoch im Kurs. Unsere Klassenkameraden, Freunde und die Nachbarskinder kamen jetzt zur Geburtstagsfete. Diese startete stets mit Kakao und Muckefuck, dem Instant-Malzkaffee aus DDR-Beständen. Die Kerzen auf der Geburtstagstorte gerade

Kakao, Torte, Schokoküsse und Blumen gehören auf die Geburtstagstafel.

ausgepustet, wurde der Kuchen gleich munter verspeist, auch bunte Schaum-waffeln, Schokoküsse und Leckermäulchen standen auf der Kaffeetafel. Gewonnene Spiele wie das Topfklopfen oder der Luftballontanz wurden mit kleinen Preisen belohnt. Schokoladen-Wettessen praktizierten wir flink mit Messer, Gabel, Handschuhen, Mütze und Schal. Nicht so lecker war es manchmal bei dem Löffelspiel, wo man auch mal blind den einen oder ande-ren Löffel voll scharfem Senf erwischte.

Im Freien hüpften wir mit Seilen und stiegen in Säcke, um am schnellsten eine Strecke zurückzulegen. Jedoch fiel man in der Eile schnell mal um. Waren wir noch nicht ausgepowert, nahmen wir uns jegliche Sachen und Kleider der Familie und spielten Modenschau. Manche probierten sich mit zusätzlicher Kosmetik wie einem Lippenstift, der über mehr als nur die Lippen geschmiert wurde. Andere wiederum ließen sich ankleiden und hatten sehr viel Freude beim Präsentieren der entstandenen Gewänder. Nach dem Abendbrot war es Zeit, uns zu bändigen und langsam den Geburtstag ausklingen zu lassen. Die Eltern kamen und holten ihre Lieblinge wieder ab. Nach all der Aufregung gingen auch wir zu Bett und schliefen zufrieden, tief und fest.

Vollbepackt in den Sommerurlaub.

## Sommer, Sonne und Sonnenschein

Hurra, wir haben Ferien! Auf die Insel Usedom oder auf die Insel Rügen ging es in den Sommer-ferien. Ein oder zwei Wochen waren meist möglich. Mit dem Wohnwagen oder einem Stoffzelt noch aus DDR-Zeiten quartierten sich die Familien in Reihe auf den Campingplätzen am liebsten in Strandnähe ein. War das Gemach aufgeschlagen, fragten wir uns schon nach dem Weg zum Strand durch. Endlich angekommen und

Am Strand wird es
nie langweilig.

mit dem lang ersehnten Blick aufs Meer belohnt, konnten wir es nicht mehr erwarten, die Füße hineinzuhalten. Stand die Sonne schon über uns, dann hieß es eincremen und schnell zurück zum Zelt oder Bungalow, um die Strandausrüstung zu holen. Müffchen oder Schwimmringe waren manchmal noch dabei zur Vorsicht bei hohen Wellen. Nackig, wie ganz typisch schon zu DDR-Zeiten, und zufrieden tollten wir im Sand herum. Wir bauten Burgen und gingen auf die Suche nach dem schönsten Hühnergott, den wir schließlich Mutti schenkten. Die meiste Zeit im Urlaub verbrachten wir im und am Meer. In den Strandkörben machten wir, geschützt vor Wind und Sonne, so manches kleine Schläfchen. War es mal kühler, wurden die Ortschaften erkundet und abends mit den Zeltplatznachbarn Karten oder Boccia gespielt.

Der Strandkorb zum Essen, Ausruhen, Lesen …

Ein Bungalow am Strand ist Gold wert.

7. bis 10. Lebensjahr

# Ferienlager, Freunde und Feten

**1994–1997**

## Von der Schule in die Schule

In der vierten Klasse mussten wir uns entscheiden, welche weiterführende Schule wir ab der fünften Klasse besuchen würden. Zuerst schätzten uns die Lehrer aufgrund unserer schulischen Leistungen und Verhaltensnoten ein. Ein sogenanntes Leistungsprofil wurde an die Eltern mitgegeben. Zu Hause wurde zusammen beraten, ob wir uns an einem Gymnasium oder einer Mittelschule anmelden sollten. Bei einem Gesamtdurchschnitt, welcher schlechter als die Note drei war, riet die Schulleitung von einem Besuch des Gymnasiums ab. Stand man durchschnittlich auf der Kippe zwischen den Zensuren zwei und drei in den Hauptfächern, verlangte die Grundschule einen Test. So vergewisserten sich die Grundschullehrer, ob wir Kinder den Ansprüchen gerecht werden konnten.

# Chronik

**1. Januar 1994**
Die Deutsche Bahn AG wird gegründet.
Das Eisenbahnunternehmen geht aus der
Deutschen Bundesbahn und der Deutschen
Reichsbahn hervor.

**11. März 1994**
Neben der Renten-, Arbeitslosen- und Kran-
kenversicherung beschließt die Bundesregierung die Einführung der vierten Säule
der Sozialversicherung, die Pflegeversiche-
rung. Diese tritt am 1. Januar 1995 in Kraft
und soll das finanzielle Risiko bei Pflege-
bedürftigen absichern.

**1. August 1994**
Nach dem neuen Beschäftigungsförde-
rungsgesetz ist künftig die private Arbeits-
vermittlung ohne regionale Beschränkung
zugelassen und damit das bisherige
Monopol der Bundesanstalt für Arbeit
abgeschafft.

**26. März 1995**
Zehn Jahre nach der Unterzeichnung tritt in
sieben EU-Staaten das Schengener
Abkommen in Kraft, mit dem die systemati-
schen Personenkontrollen an den Binnen-
grenzen zwischen Deutschland, Frankreich,
den Benelux-Staaten, Spanien und
Portugal wegfallen. Zugleich werden
schärfere Überprüfungen an den Außen-
grenzen eingeführt.

**27. März 1996**
Die Europäische Union verhängt ein
Einfuhrverbot für britisches Rindfleisch.

**23. Juni 1996**
Der japanische Videospiel- und Konsolen-
hersteller Nintendo bringt in den USA den
Nintendo 64 auf den Markt.
Die Verhüllung des Reichstagsgebäudes in
Berlin durch den Künstler Christo wird zum
Kunstspektakel des Jahres.

**3. März 1997**
Bäcker dürfen erstmals in Deutschland
auch sonntags frische Brötchen verkaufen.
Das Sonntagsbackverbot wird somit
aufgehoben.

**31. August 1997**
Die britische Prinzessin Diana verunglückt
tödlich in Paris.

**27. November 1997**
40 000 Studenten protestieren in Bonn
gegen die schlechten Studienbedingungen.
Die Studenten werden vielfach von
Professoren unterstützt.

Der Lehrplan der weiterführenden
Schulen war in den ersten zwei Jahren
fast überall identisch. Die neuen Fächer
Geschichte, Geografie und Biologie
lösten den Vorgänger Heimatkunde ab.
In Englisch und Religion oder Ethik
bekamen wir von nun an auch Zensuren. Als Neulinge betraten wir die
großen Schulen. Schüler von zehn bis
19 Jahren waren teilweise in einem
Gebäude untergebracht. Vielen Schulen
wurden jetzt, nach der Wiedervereinigung, generalüberholt und renoviert.
Wir profitierten von modernen Werkräu-
men, Computerkabinetten und Chemie-
und Biologielaboratorien zum Experi-
mentieren. Ganz so leicht wie in der
Grundschule wurde es uns aber nicht
gemacht. Hatte man das Lernen noch
nicht gelernt, wurde es jetzt höchste
Zeit. Denn all die neuen Unterrichts-
fächer waren eine große Herausforderung. Manche Schüler orientierten sich
nach der fünften oder sechsten Klasse
noch mal um und wechselten die
Schule. Denn bis zur sechsten Klasse
konnte man problemlos mit einer
Empfehlung auf das Gymnasium und
anders herum auf eine Mittelschule
wechseln. Neue Kameraden hatten wir
schnell gefunden und unseren Lern-
rhythmus meist auch. Die siebte Klasse
brachte so einige Neuerungen mit sich.
Die zweite Fremdsprache auf dem
Gymnasium war nur noch selten
Russisch, sondern meist Französisch
oder Spanisch. Besondere Schulprofile
unterstützten unsere Fähigkeiten und

Fertigkeiten. In der Mittelschule waren es beispielsweise Schwerpunkte wie Hauswirtschaft, Technik und Wirtschaft, am Gymnasium eher Naturwissenschaften, Sprachen oder Musik. So konnte sich jeder individuell entfalten. Unsere neuen Banknachbarn wurden häufig auch unsere neuen Schulfreunde.

Das Mittelmeer übt eine besondere Anziehung auf uns aus.

## Entdeckungen in und außerhalb Deutschlands

Die Wende war vollzogen, die Grenzen seit einigen Jahren geöffnet und nun trauten wir uns auch, das weitere Europa zu erkunden. Ganz verrückt waren wir Ossis auf die westlich angrenzenden Länder und auch der Nahe Osten hielt für uns so einige Überraschungen bereit.

Und auch der Atlantik zieht uns in seinen Bann.

Meist mit einem Gebrauchtwagen der Marke Opel oder Volkswagen fuhren die Eltern mit uns Heranwachsenden immer häufiger in die weite Welt, um sich den lang ersehnten Traum vom Reisen zu erfüllen.

Unser Auto brachte uns in den Sommerferien nach Ungarn an den Balaton, nach Bulgarien und Griechenland über das ehemalige Jugoslawien. Auch die slowenischen Alpen und Kroatien entpuppten sich als wunderbare Reiseländer. Die steinigen Küsten sind ein Paradies zum Schnorcheln. Reisen nach Dänemark und Holland standen auf dem Plan, wo ein Holzpantoffel als Souvenir dazugehörte. Die Alpen

Rad- und Paddeltouren machen in der Gruppe Spaß.

Österreichs und der Schweiz faszinierten uns. Den Atlantik erkundeten wir in der Normandie oder Bretagne, das Mittelmeer entlang der Küste Südfrankreichs oder Italiens, wo wir auf den Geschmack von italienischem Eis und knuspriger Pizza kamen.

Im Herbst und Frühjahr fielen die Schulferien sehr kurz aus, sodass es uns eher in die nahe gelegene Umgebung verschlug. Ausflüge mit einem Paddelboot im Spreewald oder Wanderungen im Elbsandsteingebirge der Sächsischen Schweiz und der Böhmischen Schweiz waren beliebt.

## Vergnügungen und Abenteuer in der Gemeinschaft

Wir Kinder kamen in ein Alter, in dem wir immer selbstständiger unsere Umgebung erkundeten und eroberten. Wir suchten zum Beispiel nach einem geeigneten Baum, um uns zusammen mit Freunden ein Baumhaus einzurichten. Dafür war der Sperrmüll in den Straßen brauchbar wie Sperrholzplatten von alten Schränken als Grundgerüst für das Baumhaus. Zum Befestigen besorgten wir uns von Papa Nägel und Hammer.

An noch so kleinen Bächen und Flüssen probierten wir mit den günstigen Handangeln, die wir von unserem Taschengeld erwarben, Fische aus dem Wasser zu ziehen. Regenwürmer am Haken und hartes altes Brot sollten die winzigen Fische im schlammigen Gewässer anlocken. Manchmal biss sogar einer an, der landete dann in einem mit Wasser gefüllten Eimer. Glücklich über unseren Fang entließen wir die ungenießbaren zarten Fische schließlich am Ende des Tages wieder in ihre gewohnte Umgebung.

11. bis 14. Lebensjahr

Im Sportverein können wir uns austoben und finden Bestätigung.

Die Hinterhöfe von Neubaublöcken luden oft zum Tollen und Spielen mit den Nachbarskindern ein. 1994 erlebte Deutschland einen Jahrhundertsommer. Die Schönwetterperiode dauerte von Mitte Juni bis Ende August an. Zu warm war es, um in der Nacht schlafen zu können. So bauten wir uns Buden in und um die Wäscheleinen im Hof mit Decken, Klammern, Stühlen und Bänken und versteckten uns darin. Die warmen Temperaturen erlaubten es uns sogar, im Freien zu schlafen. Gewappnet mit einer Luftmatratze und Schlafsack fanden sich alle Kinder der Nachbarschaft zum Zelten ein. Das große Abenteuer begann mit Gruselgeschichten in der Dunkelheit und endete am Morgen in der prallen Hitze. Aber mindestens eines der Kinder besaß ein Plastikbassin, wo wir uns im kühlen Nass erfrischen konnten.

Ein wenig älter und herangereift, spielten wir gern Flaschendrehen. Für Wahrheit oder Pflicht musste man sich entscheiden, wenn der Flaschenhals nach dem Drehen auf uns zeigte. Später kamen auch einige Gesellschaftsspiele hinzu, die schon Fragen und Aufgaben vorgaben. Unheimlich war es uns beim Gläserrücken zumute. Bis heute fragen wir uns, ob da einer von uns immer schummelte und das Glas über die Tischoberfläche gleiten ließ. Zugegeben hat es niemand, doch die Ungewissheit blieb. Obwohl es uns immer wieder gruselte, war der Reiz groß.

## Erstes modisches Styling

Mit elf oder zwölf Jahren wurden wir schon nicht mehr komplett von der Mutter angekleidet. Unser eigener Modestil entwickelte sich so langsam. Denn gerade jetzt wollten wir cool aussehen. Der eine lieber mit einem brandneuen Fußballshirt und die andere mit leichten Absatzschuhen. Wir gingen mit dem Trend. Zu einem kurzen Rock trugen die Mädels Kniestrümpfe. Jungs wiederum trugen Baseballkappen mit ihren Lieblingsmotiven. Ganz angesagt waren die

NY-Zeichen darauf. So nach und nach wurden wir für Markenkleidung sensibel: Adidas und Nike waren ein Muss. Sportliche Shirts trugen sich auch perfekt als Alltagskleidung. Es begann die Phase, in der wir dem anderen Geschlecht gefallen wollten. Wir Mädchen unternahmen die ersten Schminkversuche, mit blauer Tusche und rosa Lippenstift. Die Brust nahm langsam Form an und wie unsere gleichaltrigen Freundinnen wollten auch wir kein Bustier mehr tragen, sondern einen richtigen BH. Auch Baumwollschlüpfer waren uncool und so kaufte Mama uns den ersten „Ritzenflitzer", wenn sie auch nicht verstehen wollte, wie wir so einen Slip bequem finden konnten.

Auch die Jungs stiegen von Schlüpfern um auf Boxershorts, um männlicher zu wirken. Wir 1984er fühlten uns groß. Unser kindliches Aussehen und unser kindlicher Charakter wichen allmählich dem eines Jugendlichen.

Erste Schminkversuche.

### Die Boygroup-Hysterie

*In der Musikwelt macht sich ein neues Phänomen breit: die Boygroup-Hysterie. Angefangen hat alles mit der Teenie-Band Take That. Spätestens mit ihrem zweiten Album „Everything Changes" hat uns die Band 1993 davon überzeugt, die neuen Götter am Pophimmel zu sein. Als Robbie Williams im Sommer 1995 Take That verlässt, sorgt das nicht nur für Tränenausbrüche, sondern leitet auch das Ende der Band ein. Am 13. Februar 1996 geben die restlichen vier Mitglieder die Auflösung der Band bekannt. Die Nachricht versetzt vor allem die weiblichen Fans weltweit in einen Schockzustand, viele von ihnen drohen sogar mit Selbstmord, sodass eigens für sie Seelsorge-Hotlines eingerichtet werden.*

*Doch auch weitere Boygroups wie Boyzone aus Irland, East 17 aus England, die Backstreet Boys oder 'N Sync aus den USA sowie die britisch-niederländische Band Caught In The Act erobern in den 90er-Jahren die Herzen der deutschen Teenies.*

*Analog zu den Boygroups gibt es auch sehr erfolgreiche Girlgroups: Den Anfang macht die britische Band Spicegirls, die ihre deutsche Entsprechung in den No Angels findet. Ebenso wie die Boygroups gehen auch die erfolgreichen Girlgroups allesamt aus Castings hervor. Viele der Künstler starten nach Auflösung ihrer Bands erfolgreiche Solokarrieren, so zum Beispiel Robbie Williams, Ronan Keating, Justin Timberlake und Melanie Chisholm.*

# Ferienlager

Für Freizeitsportler boten die Vereine ein breites Spektrum an Sportarten an. Beliebt waren Trainingslager in den Ferien, wo Sport und Spiel im Vordergrund standen. Als Handballteam fuhren wir zum Beispiel nach Dänemark und kämpften gegen die Mannschaften aus Russland und Schweden. Sportlerbälle und abendliche Discos galten bei diesen Fahrten als Highlight. Natürlich gab es keinen Alkohol und die Discos dauerten nur bis zehn Uhr, weil man am Folgetag wieder fit sein musste für die Endrunden der Turniere. Natürlich kam eine riesige Freude im Team auf, wenn man sich eine Medaille oder gar einen Pokal erkämpft hatte.

Auch sportlich und meist länger fielen die Ferienlager aus. Bunt zusammengewürfelt kamen wir aus verschiedenen Regionen meist in Bussen in einem Ferienlagerort an. Zum Schlafen dienten große Zelte oder Finnenhütten. Man wurde nach Alter in Gruppen eingeteilt und lernte so schnell neue Freunde kennen. Die Stimmung und der Zusammenhalt untereinander waren meist super, denn unsere Aufseher kümmerten sich rührend um uns. Keiner durfte ausgegrenzt werden. Jeder war mal an der Reihe, den Küchendienst zu übernehmen. Auch um den Dienst der Nachtwache konnte man sich nicht drücken. Diese stellte sicher, dass alle heil und wohlauf von der Nachtwanderung zurückgekommen waren. Beim Tischtennis, Volleyball, bei Modenschauen und Discoabenden kam man vielleicht sogar seinem Traumprinzen

Wir fühlen uns jetzt ziemlich cool …

oder seiner Traumprinzessin näher. So war es nicht selten, dass wir mit der Erinnerung an eine Ferienliebe und einem Knutschfleck wieder bei den Eltern zu Hause auf der Matte standen.

## Freiheit, Freunde und Feten

Als Teenager nahm unser Interesse am anderen Geschlecht zu. Teilten wir uns das Zimmer mit jüngeren Geschwistern, empfanden wir es spätestens jetzt, wo wir uns schon so groß und aufgeklärt vorkamen, als nervig. Ältere Geschwister hingegen weckten unsere Neugierde. Plötzlich wollten wir mit ihnen mehr zu tun haben. So wurde der Kontakt im Freundeskreis der Älteren gesucht. Besonders Mädchen im Teenageralter waren den Jungen in der Entwicklung etwas voraus und umschwärmten eher die Kumpels der älteren Brüder. Auch begannen sie sich in berühmte Stars und Sternchen zu verlieben. Die Jungen verspürten ein solches Verlangen meist erst ein bis zwei Jahre später. Ja, nun war es so weit, die Geschlechterschau begann. Mit unseren Freundinnen unterhielten wir uns über den ersten Kuss. Wie wird er sein, der erste richtige Kuss? Einige Mädels lehrten sich untereinander das Küssen. Hatte man schon den ersten Freund oder die erste Freundin, hieß das nicht unbedingt, dass man sich schon geküsst hatte.

Wir bemerkten es kaum, doch unsere Eltern bekamen es sehr stark zu spüren, dass unsere Pubertät begann. Unser Drang nach Freiheit wurde uns vor den Eltern oft zum Verhängnis. Geburtstage feierten wir nun lieber ohne deren Anwesenheit. An Wochenenden verbrachten wir die freie Zeit – und vor allem die Abende – lieber mit unseren Freunden. In unserer Clique trafen wir uns auf öffentlichen Plätzen und vertrödelten die Zeit. Auch wenn wir nichts Sinnvolles unternahmen, wollten wir bloß nicht zur abgemachten Zeit wieder zu Hause sein. Aber Zuspätkommen wurde mit Hausarrest bestraft. Unser Argument, wir seien schon alt genug, fruchtete aber bei den Eltern nicht. So fingen wir an, unsere Eltern zu umgehen und bei einem Freund oder einer Freundin zu schlafen, die mehr Freiheiten hatten. Doch natürlich kamen unsere Eltern auch dahinter und sprachen sich untereinander ab. Und wehe, wir wurden des Nachts draußen erwischt, dann drohten noch härtere Strafen, wie Fußball-Verbot und Hausarbeiten übernehmen.

### Technik, die begeistert

*Im Mai 1997 kommen die japanischen Cyber-Küken namens „Tamagotchi" in Deutschland auf den Markt. Sie entwickeln sich zum Verkaufsschlager der Spielzeugbranche.*

*Das Tamagotchi stellt ein virtuelles Küken dar, um das man sich vom Zeitpunkt des Schlüpfens an wie um ein echtes Haustier kümmern muss. Es hat Bedürfnisse wie Schlafen, Essen, Trinken, Zuneigung und wird durch deren Befriedi-gung zu einer eigenen Persönlichkeit. In regelmäßigen Abständen meldet sich das Tamagotchi mit einem Piepsen und verlangt nach Zuwendung. Sollte man es vernachlässigen, stirbt es, kann jedoch durch Drücken eines Reset-Schalters wiederbelebt werden, und das Spiel geht von vorne los. Auch der Computer wird seit Mitte der 90er-Jahre zum „Lieblingsspielzeug" der Deutschen.*

## Jugendweihe und Konfirmation

Die Jugendweihe bzw. Konfirmation kennzeichnete schon immer den Übergang zum Erwachsenwerden. Die achte Klasse neigte sich allmählich dem Ende zu und die Vorbereitungen für unser großes Fest liefen auf Hochtouren.

Die Jugendweihe ist die nichtkirchliche Alternative zur Konfirmation in den evangelischen Kirchen und zur Firmung und Kommunion der katholischen Kirche. Diese wiederum setzten eine Taufe und entsprechenden Unterricht der Glaubensgemeinschaft voraus. Am Tag der Jugendweihe wurden wir Jugendlichen im Alter von 14 Jahren in den Kreis der Erwachsenen aufgenommen und fortan mit „Sie" angeredet.

Damit einer reibungslosen Feierlichkeit nichts im Weg stand, fanden vorab sogar Stellproben auf der Bühne statt. Zum Festakt, der meist in einem größeren Saal oder Theater des Ortes stattfand, wurden alle Angehörigen der

Familie eingeladen. Nach einigen offiziellen Reden bekamen wir dann eine Urkunde und ein Buch überreicht. Nach der Feierlichkeit, für die wir uns selbstverständlich sehr schick gemacht hatten, zelebrierten wir unseren Tag des Erwachsenwerdens mit Verwandten und Bekannten weiter. Erlaubt wurde uns heute sogar das erste Gläschen Alkohol mit allen Angehörigen. Froh und heiter genossen wir den Tag. Die reiche Bescherung war dann noch der Höhepunkt für uns. Weniger mit materiellen Dingen als vielmehr mit Geldnoten wurden wir beschenkt. Einen Umschlag nach dem anderen öffneten wir und zählten die Scheine. In der Schule verglichen wir unsere Beträge. Wir legten einen Teil beiseite und den anderen nutzen wir für eine größere Anschaffung, wie eine Musikanlage oder ein Moped.

### Eine verrückte Straßenfete im Herzen Berlins

*Die erste Loveparade entsteht 1989 als spontane Idee aus einer durchfeierten Nacht zum Geburtstag von DJ Dr. Motte. Unter dem Motto „Friede, Freude, Eierkuchen" wird eine politische Demonstration angemeldet. An diesem Umzug am 1. Juli nehmen etwa 150 Personen teil. Sie ziehen mithilfe eines Generators sowie einer Anlage auf einem alten VW-Bus über den Kürfürstendamm. Im Jahr 1991 wird daraus das erste überregionale Zusammentreffen der verschiedenen Technoszenen der Bundesländer. Dadurch kommen erste Netzwerke und ein bundesweiter Austausch der jungen Technokultur zustande.*

*Seitdem findet bis 1995 jeweils im Juli eine Parade auf dem Kurfürstendamm und sämtlichen Nebenstraßen statt. Wegen der immens steigenden Teilnehmerzahl und der Beteiligung von immer mehr Clubs und Labels mit eigenen Wagen wird schnell neben der eigentlichen Demonstration ein Rahmenprogramm mit Raves angeboten.*

*Mit steigenden Besucherzahlen wachsen jedoch auch die Proteste der Anwohner und Geschäftsleute am Kurfürstendamm, welcher für die Großveranstaltung zu eng wird. Die Parade wird zu einer kulturellen Institution und zu einem nicht zu unterschätzenden Wirtschaftsfaktor für Berlin. Darum sucht man für 1996 nach einer Ausweichstrecke. Diese verläuft durch den Berliner Tiergarten. Die Parade ist zwar stets eine friedliche Veranstaltung mit wenigen Festnahmen und Verletzten, doch das Müllproblem, Verunreinigungen des Tiergartens sowie die zunehmende Kommerzialisierung der Veranstaltung sorgen für Streit.*

*Die Loveparade wächst indessen zu einer Massenveranstaltung und erreicht ihren Höhepunkt mit 1,5 Millionen Besuchern im Jahr 1999. Selbst Berlin, mit seiner gut ausgebauten Infrastruktur, kann den Menschenmassen jedoch nicht mehr standhalten.*

# Mit Vollgas ins Leben

Unsere ersten Partys sind wild
und ausgelassen.

## Distanz und Solidarität

Das Zusammenwachsen der Deutschen in Ost und West war eine größere
Herausforderung als erwartet. Nach anfänglicher Euphorie stellte sich Fremd-
heit ein. In Schicksalssituationen standen wir jedoch zusammen. Die Last der
DDR-Vergangenheit wirkt lange nach. Denkmäler aus der DDR-Zeit wurden
schnell entfernt. Dagegen stieß die juristische Aufarbeitung der Verbrechen
des SED-Regimes bald an ihre Grenzen. Stasi-Akten sorgten für anhaltenden
Streit um den politischen und sozialen Charakter der DDR.

Für die Westdeutschen änderte sich durch die Wiedervereinigung im
alltäglichen Leben wenig, für uns Ostdeutsche fast alles. Die Lebensbedin-
gungen glichen sich nur langsam an und unterschiedliche Mentalitäten traten
hervor. Die Arbeitslosigkeit im Osten stieg mehr an als im Westen und die

# Chronik

**1. Januar 1998**
Die Deutsche Telekom hat keine Monopol-
stellung mehr. Fernsprechteilnehmer dürfen
künftig ihren Anbieter frei wählen.

**3. Juni 1998**
Bei dem bisher schwersten ICE-Zugunglück
Deutschlands im niedersächsischen Eschede
kommen 101 Menschen ums Leben.

**27. September 1998**
Gerhard Schröder löst Helmut Kohl nach
16 Jahren als Bundeskanzler ab.

**1. August 1999**
Zahlreiche Geschäfte in Berlin, Halle,
Dessau und Leipzig öffnen am Sonntag ihre
Türen und setzen sich damit über das
Sonntagsverkaufsverbot hinweg. Doch die
Gerichte machen dem gesetzwidrigen
Treiben bald ein Ende.

**9. November 1999**
Zum zehnten Jahrestag des Mauerfalls
kommen die Filmkomödien „Sonnenallee"
und „Helden wie wir" in die Kinos. Sie
erzählen von Jugend und Aufbruch in
der DDR.

**1. Juni 2000**
Die Weltausstellung Expo 2000 wird unter
dem Motto „Mensch, Natur und Technik –
eine neue Welt entsteht" von Bundespräsi-
dent Rau in Hannover eröffnet.

**4. August 2000**
Großbritannien feiert den 100. Geburtstag
von Queen Mum. Etwa 40 000 Menschen
begleiten in London die Fahrt der Königin-
Mutter zum Buckingham-Palast.

**11. September 2001**
Vier Passagierjets werden in den USA
gekapert, davon werden zwei in die Türme
des World Trade Centers und einer in das
Pentagon gesteuert. Das vierte Flugzeug
stürzt bei Pittsburgh ab. Insgesamt sterben
etwa 3000 Menschen bei den Anschlägen.

**3. Dezember 2001**
250 000 Schüler aus 32 Staaten stellen ihr
Wissen bei der Schulstudie „Pisa" unter
Beweis. Die deutschen Schüler schaffen es
in der Gesamtbewertung nur auf Platz 25.

**1. Januar 2002**
Die Euro-Banknoten und Euro-Münzen
werden in zwölf Staaten der Europäischen
Union als neue gemeinsame Währung
eingeführt.

niedrigeren Löhne und Gehälter im
Osten lösten Unmut aus.

Doch kritische Situationen wiederum
schweißten das Land zusammen wie
das Oderhochwasser und die Jahrhun-
dertflut. Sie lösten eine Welle der
Hilfsbereitschaft im ganzen Land aus.
Auch die Freude über internationale
Erfolge in Sport und Kultur vereinte
unser Deutschland.

Der Morgen danach eher ruhig und verkatert.

## Liebe, Alkopops und Glimmstängel

Mittlerweile jugendlich, gaben wir uns
nicht mehr mit einem fröhlichen Gesell-
schaftsspiel bei Coca-Cola und Chips
zufrieden. Nein, wir wollten Feten feiern.
Waren die Eltern verreist, mussten
wenigstens einmal die vier Wände für
eine Party mit unseren Freunden

Rebellische Zeit: Bunte Haare und Piercings gehören zu unserer Lebenseinstellung.

herhalten. Lange im Voraus wurde die Getränkebeschaffung geplant. Die erste Stiege „Dreckisches", das Mixery von Carlsberg, organisierten uns noch die Eltern selber. Später reichten uns aber keine zwei Dosen mehr. Die Neugierde auf harte Sachen ließ uns tagelang austüfteln, wie wir an den „Stoff" kommen konnten. Klappte es nicht, denjenigen vorzuschicken, der am ältesten aussah, versuchten wir die älteren Geschwister zu überreden. Ohne Gegenleistung war das meist vergebens. Also hatten sie nun eine Sache gut bei uns.

Heiter angetrunken von süßem Wein und Likör machten wir die Nacht zum Tag. Egal, ob es schmeckte oder nicht, wir zogen dazu cool an einer Zigarette, die wir lässig zwischen den Fingern hielten. Auch wenn am nächsten Morgen der Schädel noch so sehr brummte, es schreckte uns nicht ab, beim nächsten Mal Wodka und Rum ohne Saft oder Limonade zu trinken ... bis wir den ersten Aussetzer – ein Blackout – erlitten.

Mit 16 kamen wir meist ohne Personalausweis ungehindert bis 0 Uhr in die Disco. Die aufkommende Piercing- und Tattoo-Mode ging auch an uns nicht vorüber und wir ließen unsere Gesichter mit Piercings an Augenbrauen, Lippe und Nase veredeln. Die Mädels trugen kurze Tops, um das frisch gestochene Tattoo über dem Steiß oder das Bauchnabelpiercing zu präsentieren. Dies war manches Mal die Eintrittskarte zu den Clubs, auch ohne Ausweis. Waren wir einmal drin, fragte keiner mehr nach unserem Alter und uns wurden nicht nur Zigaretten, Bier und Wein, die ab 16 Jahren erlaubt waren, verkauft, sondern auch hochprozentige Cocktails.

Eher weniger berauschend verliefen die Tanzbälle, welche am Ende eines Tanzkurses stattfanden. Wer das graziöse und elegante Schwingen und Drehen erlernen wollte, besuchte an den Spätnachmittag- und Abendstunden regelmäßig die Tanzschule. Nach den Schnupperstunden war es Pflicht, einen festen Tanzpartner zu haben. Fand man den nicht, wurde einer zuge-teilt.Schlecht war es nur, wenn man schon in einer Beziehung war und der Freund oder die Freundin nicht in der gleichen Tanzstunde war. Das führte so manche Paare in eine Zwickmühle. Aber in diesem Alter orientierten wir uns sowieso ständig um. Denn was wir genau wollten, wussten wir noch nicht. Flirten war also stets erlaubt und sehr beliebt. Vor allem, wenn es in die nächste Disco ging, erschienen die Mädels im neuesten Styling und auffal-lend geschminkt. Die Jungs peppten sich mit Gel im Haar auf und waren frisch rasiert. Am späteren Abend versprühten wir dann alle unseren Charme, ob an der Bar oder auf der Tanzfläche. Es begann ebenso eine Zeit unserer ersten sexuellen Begegnungen. Wir fühlten uns reif und bereit dafür.

### Die Jugend und ihre Szenen

*Irokesen sind wieder in Mode.*

*Untrennbar miteinander verbunden sind die verschiedensten Jugendkulturen mit der Konsumwelt. Sehr ausgeprägt ist dies in der Hip-Hop-Szene. Zu den Fans von Graffitisprühen, Breakdance und rhythmi-schem Sprechgesang gehört ein entspre-chender Look: weite Baggy Pants und Marken-Oberteile. Angesagt sind in dieser Gruppe das Skaten im Sommer und das Boarden im Winter. Der DJ wird zum neuen Star in der Techno- und House-Szene. Das expressive und rauschartige Tanzen bis zum Exzess wird teilweise durch Drogen verstärkt. Ein gutes Taschengeld von den Eltern macht dies für Jugendliche erst möglich.*

*Die modernen Punks bilden die Gegenkultur zu den konsumorientierten Szenen. Seit Anfang der 80er-Jahre gehören sie in Deutschland einer größten-teils linken Kultur an. Mit ihren bunt gefärbten Irokesen-Frisuren und zerrisse-ner Kleidung wollen sie sich von der Gesellschaft abheben. Ganz und gar nicht verstehen sie sich mit den Hooli-gans, die ihre gewaltbereiten Rituale rund um Sportereignisse, in der Regel Fußball-spiele, zelebrieren. Die Punks rebellieren nur mit Worten, im Gegensatz zu den Skinheads oder Neonazis. Diese zählen zu einer jugendlich dominierten rechtsext-remen Subkultur. Kurz bis kahl gescho-rene Köpfe, schwere Stahlkappenstiefel und Bomberjacken gehören zu deren Erkennungsmerkmalen – sowie auch neonazistische Symbole. Als politische Gegenbewegung gelten die Autonomen. Sie besetzen Häuser, um sich vor den Attacken der Skinheads und der rechtsex-tremen Gewalt zu schützen. Diese Antifa-Gruppen sind jedoch auch gewalt-bereit.*

Austauschschüler aus Spanien
zu Gast in Deutschland.

## Lernen für das Leben

Austauschprogramme wurden an vielen Schulen angeboten, um den Schülern das Fremdsprachenlernen zu erleichtern. Wenn man am Austauschprogramm teilnahm, bedeutete das, zwei Wochen in einem eng-lisch-, französisch- oder spanischsprachigen Land in einer Gastfamilie zu verbringen und im Gegenzug meist den Austauschschüler auch bei sich zu Hause aufzunehmen. Zum Pro-gramm gehörten der verpflichtende Besuch der Schule und kulturelle Aktivitäten. Auch Familienausflüge mit der Austauschfamilie am Wochenende waren an der Tagesordnung.

Die letzten Lernjahre waren jedoch keine Herrenjahre. Nun war es an der Zeit, auch tatsächlich erwachsen zu werden. Nicht nur die Familie und Freunde trugen dazu bei, auch die Schule. Wenn man sich entschieden hatte, die Schule schnell hinter sich zu bringen, schloss man nach der neunten oder zehnten Klasse mit einem Haupt- oder Realschulabschluss ab und begann eine Lehre. Dann hieß es: bewerben, bewerben, bewerben. Eine Lehrstelle zu ergattern, zumal auch noch im Beruf unserer Wahl, war nämlich nicht so einfach. Für diejenigen, die noch weiterhin die Schulbank drücken wollten, um das Abitur zu machen, hieß es hingegen: büffeln, büffeln, büffeln. Und auch auf dem Gymnasium trennten sich nach der zehnten Klasse wieder einmal die Wege. Aus den Klassen wurden nun neu zusammengewürfelte Kurse, je nachdem, für welche Fächerschwerpunkte man sich entschieden hatte. Seine zwei leistungsstärksten Hauptfächer wählte man als Leistungskurs. Die restli-chen Fächer besuchte man in Grundkursen und einzelne, nicht beliebte Fächer konnte man sogar ganz abwählen. Zwei Jahre paukten wir in den Kursen, bis das – hoffentlich – bestandene Abitur uns den Weg in einen neuen Lebens-abschnitt ebnete. Die meisten schrieben sich an einer Hochschule ein, andere begannen eine Ausbildung oder kombinierten beides. Dann fing der Ernst erst richtig an.

Für die Jungen hieß es aber meistens zunächst mal, den Wehr- der Zivil-dienst zu absolvieren. Viele Mädels schoben die Wahl eines Studiums oder Ausbildungsberufs noch vor sich her und machten ein soziales Jahr oder gingen für einige Zeit als Au-pair-Mädchen ins Ausland.

### Totale Finsternis am helllichten Tag

In ganz Europa beobachten am 11. August 1999 Millionen Menschen, ausgestattet mit Spezialbrillen, die letzte totale Sonnenfinsternis dieses Jahrtausends. Da an diesem Tag der Durchmesser der Sonne das Vierhundertfache des Durchmessers des Mondes und der Abstand von Erde zu Mond ebenfalls ein Vierhundertstel der Entfernung beträgt, der scheinbare Durchmesser von Sonne und Mond also gleich groß sind, kommt es über Zentraleuropa zu einer fast vollständigen Bedeckung der Sonne durch den Mond.

In Deutschland ist das Naturschauspiel am besten in Karlsruhe, Saarbrücken und Stuttgart zu sehen. Leider ist es in vielen Regionen an diesem Tag bedeckt, sodass die Sonnenfinsternis nicht überall deutlich beobachtet werden kann.

Große Vorsicht ist jedoch geboten, denn die Sonnenbeobachtung mit bloßem Augen kann bleibende Augenschäden bis zur Erblindung verursachen. Daher gibt es 1999 vor der Sonnenfinsternis überall spezielle Brillen aus Pappe mit einer verdunkelnden Folie zu kaufen.

Papa erlaubt uns nun schon mal einen Schluck Sangria. Wenn der wüsste …

## Millennium, das Jahr 2000

Der Jahreswechsel vom 31. Dezember auf den 1. Januar 2000 ging als Millennium in den Sprachgebrauch ein. In aller Welt feierte man den Anbruch des neuen Jahrtausends mit zahlreichen eindrucksvollen Veranstaltungen. Auf öffentlichen Plätzen wurde der Countdown von zehn auf null runtergezählt. Riesengroß und umfangreicher als sonst erleuchteten die Megafeuerwerke den Himmel. Wir Jugendlichen genossen natürlich das Spektakel und feierten wenn möglich bis in die frühen Morgenstunden. Wir waren gerade 15, als der letzte Tag des 20. Jahrhunderts zu Ende ging. Jedoch ist das Datum nicht korrekt formuliert. Nach dem heute weltweit gültigen Kalender fand dieses Ereignis das letzte Mal in der Silvesternacht vom 31. Dezember 2000 auf den 1. Januar 2001 statt. Dies liegt daran, dass das allererste Jahr das Jahr eins ist. Millennium war auch das Wort des Jahres 1999.

Wir kommen so richtig in Partylaune.

## Erster Urlaub allein

Im Jahr 2000 feierten wir unseren 16. Geburtstag. Damit fühlten wir uns nun gleich viel erfahrener, obwohl in uns noch sehr viel Kind steckte.

So machten wir uns auf in die Welt.

Als Schüler hatten wir nur unser Taschengeld und eventuell noch das letzte Geburtstagsgeld übrig für einen gemeinsamen Urlaub mit unseren Freunden. Uns Ossis zog es natürlich an die See. Mit dem Zug gut erreichbar und sehr

Erster Urlaub nur mit Freunden: natürlich feucht und fröhlich.

beliebt waren die Ostseebäder Zinnowitz auf der Insel Usedom und die Gegend rund um Göhren auf Rügen. Völlig unorganisiert, nur mit Zelt und Schlafsack, ging es zwei Wochen auf einen Campingplatz, der in direkter Nähe zum Meer lag. In den Rucksäcken waren mehr Dosen und Flaschen als Klamotten verstaut. Der erste Tag war zum Aussuchen einer geeigneten Stelle für die Zelte da und endete meist mit einem ersten Urlaubsrausch. Welche Unbeschwertheit uns doch zu dieser Zeit umgab. Wir lebten in den Tag hinein. War die Urlaubskasse leer, nahmen wir noch einen kleinen Kredit bei den Eltern auf. Irgendwie mussten wir ja schließlich zurückkommen. In Wirklichkeit verprassten wir das Geld auch wieder. Uns ging es nicht darum, die Umgebung kennenzulernen, sondern tagsüber am Strand oder am Zelt abzuhängen, um des Nachts zu feiern. Sehr zum Leid der Familien, weswegen wir häufig Bekanntschaft mit dem Nachtwächter machten.

*Die überflutete Dresdner Altstadt.*

## Hochwassermarken zeigen Höchststand

*Sommerliche Tiefdruckgebiete verursachen in den letzten Jahren gleich zweimal lange und starke Niederschläge, die jeweils den Osten Deutschlands betreffen: Zum einen die Oderflut im Juli 1997 und zum anderen das Elbehochwasser im August 2002.*

*Nach tagelangen Regenfällen im Jahr 1997 bricht der erste Deich im Land Brandenburg. Es dauert nicht lange, bis weitere Deiche Risse aufweisen und zu brechen drohen. Der Oderpegel erreicht in Frankfurt/Oder seinen historischen Höchststand von 6,57 Metern. Drei Wochen lang kämpfen Bevölkerung, Soldaten der Bundeswehr, Bundesgrenzschutz und Technisches Hilfswerk ununterbrochen, um das Wasser aufzuhalten. Die am Ende erfolgreiche Aktion stellt den größten zivilen Katastropheneinsatz in Deutschland seit Kriegsende dar. Der Schaden beträgt rund 330 Mio. Euro in Deutschland. In Polen und Tschechien sind die Folgen verheerender: 114 Tote und Schäden in Höhe von 3,8 Milliarden Euro.*

*Die zweite Flutwelle ist das Elbehochwasser im Jahr 2002, ein Jahrhunderthochwasser entlang der Elbe und ihrer Nebenflüsse, ausgelöst durch heftige Regenfälle in den Alpen, im Erzgebirge und Riesengebirge. Die in der sächsischen Gegend entspringenden und in Mulde oder Elbe mündenden Flüsse schwellen binnen Stunden auf das Mehrfache ihrer normalen Größe an und hinterlassen auf ihrem Weg enorme Schäden. Brücken werden weggerissen, Straßen unterspült, Häuser überflutet und schwer beschädigt, die Strom- und Telefonversorgung bricht zusammen, ganze Dörfer werden evakuiert oder sind von der Außenwelt abgeschnitten. Der Wasserstand steigt auf die Rekordmarke von 9,40 Meter. Der Gesamtschaden in Deutschland beträgt ca. 15 Milliarden Euro.*

# Die neue Freiheit

Raus aus dem Elternhaus hieß es für manche von uns, wenn eine Lehrstelle gefunden war. Im Alter von fast 17 Jahren waren zwar die Eltern noch die Erziehungsberechtigten, doch wenn der erste Arbeitsplatz zu weit entfernt vom Heimatort war, dann blieb uns nichts anderes, als ein Zimmerchen in der neuen Stadt zu mieten. Nur wer einen Moped- oder Motorradführerschein hatte und eine Stelle in der Region gefunden hatte, konnte daheim bleiben und allmorgendlich zur Arbeit fahren. Auf den Autoführerschein mussten wir ja noch ein wenig warten. So zog es also schon manchen von uns früh in die Ferne, entweder in die nächste Großstadt oder doch gleich ins Ruhrgebiet oder in eine der Metropolen im Westen wie München, Stuttgart oder Hamburg. Denn ein Ausbildungsplatz wurde uns nicht hinterhergeworfen. Lange mussten wir uns bewerben, um eine Lehrstelle für den gewünschten Beruf zu bekommen. Im Osten war die Lage noch immer nicht vergleichbar mit der im Westen. So hatte man eher das Glück, in die alten Bundesländer vermittelt zu werden. Die nach der Wende aus dem ehemaligen Arbeitsamt hervorgegangene Agentur für Arbeit bot uns schon in der Schulzeit an, Einblicke in das Berufsleben zu nehmen. So war mindestens einmal im Jahr das BIZ, das sogenannte Berufs-Informations-Zentrum für Lehrberufe, vor Ort. Baute man sich nun nach erfolgreichem Abschluss der Realschule ein neues Leben fern der Heimat auf, fiel es nicht immer leicht, sich einzuleben.

Das Ende der Schulzeit, ob nach der zehnten oder der zwölften Klasse, muss gefeiert werden.

Die Abiturienten hingegen verließen meist erst zwei bis drei Jahre später das Hotel Mama, um sich eine Wohnung mit ihren Kommilitonen zu teilen. Nun bildeten sich langsam neue Freundschaften, während so mancher Kontakt aus der Schulzeit einschlief. Dank Handy und E-Mail waren uns zumindest die technischen Möglichkeiten gegeben, um im Kontakt zu bleiben. Fast jeder besaß einen eigenen PC mit Internetzugang und war zudem mit einem für heutige Maßstäbe übergroßen Handy mit Antenne ausgestattet.

Wir wollen die Welt bereisen.

## Mit Vollgas ins Leben

Mit dem Näherrücken unserer Volljährigkeit meldeten wir uns in der nächstgelegenen Fahrschule an, denn wir wollten endlich richtig frei, unabhängig und mobil sein. Schon mit der Konfirmation oder Jugendweihe hatten manche von uns zu sparen begonnen. Andere trugen Zeitungen aus, verkauften Eis oder schleppten Steine auf Baustellen, um sich das Geld für den Führerschein zu verdienen. Wer Glück hatte, bekam von den Eltern oder Großeltern das fehlende Geld dazu oder sogar den vollständigen Führerschein zum 18. Geburtstag geschenkt. Unser Ehrgeiz war in diesem Fall groß, und so paukten wir zunächst für die theoretische Prüfung, die man meist schon nach einem mehrwöchigen Kurs bestanden hatte. Schwieriger war es mit der Fahrpraxis. Die Jungen stellten sich nicht selten geschickter an, viele von ihnen hatten schon ein Moped und waren routiniert im Straßenverkehr. Die Mädels benötigten oft mehr Fahrstunden, da sie sich weniger zutrauten. Doch irgendwann hatten es alle geschafft. Die bestandene Führerscheinprüfung wurde häufig gefeiert – aber natürlich ohne Alkohol – und

Hoch die Tassen
– endlich 18!

man durfte mit dem Auto der Eltern eine Runde drehen. Mit einem angespann-
ten Vater auf dem Beifahrersitz und einer nervösen Mutter im Fond lief diese
Spritztour meist sehr verhalten und vorsichtig ab. Erst mit dem eigenen Auto,
in der Regel ein alter gebrauchter Kleinwagen, wurde man sicherer im Fahren.

Doch noch vor dem bestandenen Führerschein feierten wir unseren
18. Geburtstag! Was war das für eine Party! Nach Möglichkeit bis in die
Morgenstunden wurde gefeiert und getanzt. Nun konnte uns keiner mehr
vorschreiben, wann wir zu Hause zu sein hatten. Wir durften unseren Stimm-
zettel in die Wahlurnen werfen, unsere Unterschrift zählte, ob auf der Entschul-
digung in der Schule oder auf dem Arbeitsvertrag. Und wir durften natürlich
Auto fahren. Das Auto garantierte uns echte Freiheit und Mobilität. Wir konnten
zu jeder Party und jedem Konzert fahren, wir konnten unsere Freunde in
anderen Städten besuchen, wir konnten die Welt bereisen. All das und vieles
mehr genossen wir ab sofort in vollen Zügen. Wir waren nun selbst für uns
verantwortlich. Das bedeutete natürlich auch, dass wir Entscheidungen selbst
zu treffen hatten: Wohin sollte unser Weg führen? Doch mit 18 Jahren
nahmen wir solche Frage noch nicht allzu ernst. Wir wollten das
Leben genießen, wir wollten die Welt umarmen!